山东省"高精尖缺"人才引进机制研究

王传会 ⊙ 著

中国海洋大学出版社

·青岛·

图书在版编目（CIP）数据

山东省"高精尖缺"人才引进机制研究 / 王传会著. —
青岛：中国海洋大学出版社, 2021.2
ISBN 978-7-5670-2778-7

Ⅰ.①山… Ⅱ.①王… Ⅲ.①人才引进－人才政策－
研究－山东 Ⅳ.① C964.2

中国版本图书馆 CIP 数据核字 (2021) 第 030824 号

山东省"高精尖缺"人才引进机制研究

出版发行	中国海洋大学出版社				
社　　址	青岛市香港东路 23 号		邮政编码		266071
出 版 人	杨立敏				
网　　址	http://pub.ouc.edu.cn				
电子邮箱	2586345806@qq.com				
责任编辑	矫恒鹏		电　　话		0532-85902349
印　　制	潍坊鑫意达印业有限公司				
版　　次	2021 年 5 月第 1 版				
印　　次	2021 年 5 月第 1 次印刷				
成品尺寸	170mm×240mm				
印　　张	10.25				
字　　数	190 千				
印　　数	1~1000				
定　　价	54.00 元				
订购电话	0532-82032573				

如发现印装质量问题，请致电18953676005，由印刷厂负责调换。

序　言

在山东省"高精尖缺"人才队伍结构分析的研究中探究山东省人才的现状，发现山东省人才的变化呈现出三个特征：人才总量增长较快、人才素质稳步提升、人才结构较为合理。研究资源现状，运用经济要素与经济增长关系测算、贡献率测算、要素增长率测算，发现山东省每年的经济平均增长率有所降低，经济发展速度有所降缓。山东省要积极转变经济发展方式，调节经济结构，合理引导经济发展。人才留不下来，主要原因是人才发展载体的支撑作用发挥得还不充分。一方面，"国字号"和高水平高校、科研机构较少，缺乏集聚高端人才的载体；另一方面，产业结构以传统产业为主，同先进省份相比，山东省高新技术企业数量、规模还有较大差距，缺少聚集人才的企业平台。山东省的人才资源存在着很多问题，这些问题成为山东省经济和社会发展的障碍。如何才能合理开发并利用现有的人才，树立科学的用人观？为山东省政府解决人才问题提供一些建议，实现经济和社会的全面可持续发展。

在山东省"高精尖缺"人才队伍绩效分析中，企业人才战略实施中"高精尖缺"人才的人力资源管理制度不配套、激励机制不健全等问题日益凸现。因此，建立一套科学有效的人才绩效考核体系，已经成为当前摆在各企业人力资源管理者面前的一项重要课题。本书通过对绩效考核及其相关理论的综合评述，为科学有效地研究制定企业人才管理绩效考核体系提供了理论基础。在对专业技术管理人员绩效考核现状进行深入分析的基础上，指出了存在的问题和原因。针对人员工作任务性质和特点，从工作业绩、工作能力和工作行为三方面设计关键考核指标。对于每个工作岗位来说，都存在或多或少的可变薪酬，可变薪酬对调动员工的积极性具有很大作用，并且能够使员工感受到薪酬分配的公平性，体现了多劳多得的原则。但每一份岗位的工作绩效强度不同，这与工作岗位本身的性质有关，当该工作岗位能为企业创造更多利润时，该工作岗位的绩效强度就大。企业会为了充分调动员工的积极性，实现企业的战略目标，给予员工更多的可变薪酬，可变薪酬对员工而言还具有福利作用。对于员工工作绩效变化不明显的岗位，该岗位的可变薪酬强度相对较低。员工更加在意基本薪酬，当基本薪酬过低时，会影响员工的薪酬满意度，该岗位的员工对于工作绩效强度给予的关注度低。但是，仅凭几个指标作为整体衡量具有一定的片面性，应当充分结合实际情况综合整理。

在山东省"双一流"高校师资建设动态多尺度评估模型研究中，提出随着我国各高校打造一流学科和一流高校的建设目标，各高校根据自身优势特色学科，根据创新引领要求，以人为核心，培养"高精尖缺"人才，为打造高校师资队伍建设奠定基础。在"双一流"建设的背景下，通过学科、"高精尖缺"人才引进数量等指标，运用层次分析法以及 GM（1，1）灰色预测模型进行综合量化评估，与江苏省高校对比分析，提出山东省高校师资队伍建设实践中的创新建议：加大对"高精尖缺"人才的投资力度，建立健全师资引进观念和制度，强化师资人才发展与管理以及加强人才创新意识。通过对比分析为各高校建设提供建议，创新点在于，在研究中采取定量的方式进行分析研究，运用层次分析法、优序对比法、GM（1，1）灰色预测模型等方法进行多尺度、多维度地分析，使问题和建议更具有针对性和可行性。

中国依靠资本拉动经济增长的收益越来越低，"高精尖缺"人才对于经济增长的作用越来越重要。本文通过 DEA-BCC 模型，从静态角度分析 2013 年—2017 年环渤海经济区各省份每年的效率指标，并利用 Malmquist 模型，从动态角度分析得到 2013 年—2017 年环渤海经济区各省份平均的效率分解指标与全要素生产率。研究表明，环渤海经济区的经济效率增速存在较大差异，呈两极化趋势，而最根本的因素是企业管理决策与规模报酬递减。此外，由于我国的经济形势面临下行压力，各省份应据此因地制宜地施行具体的、切实的方针政策以刺激地方经济增长。

在山东省"高精尖缺"人才队伍与产业结构的关联性研究中，进行了山东省产业结构现状和"高精尖缺"人才结构分析。对产业结构与科技人才培养结构的关系，使用了计量模型进行分析与检验。对山东省"高精尖缺"人才发展背景下科创企业影响因素评价指标的研究，分别指出外部因素和内部因素，基于权熵系数法对内外部因素进行分析，由权重大小可以判断出因素指标对科创企业的影响程度。其中对指标进行了信度分析和效度分析，以确保指标体系的合理性与完善性。在山东省"高精尖缺"人才与产业结构优化实证研究中，通过建立灰色关联模型、灰色预测模型和 VAR 模型，分析山东省"高精尖缺"人才与产业结构优化的关系。根据主成分分析法，科技教育对"高精尖缺"人才的影响最大。因此，在实证分析时，采用科技与研发人员数（R&D 人员数）占就业人口的比重—记为 R&，来衡量山东省"高精尖缺"人才，为了与 R&D 人数更好地匹配，用第二产业 R&D 经费内部支出占

R&D 经费内部支出总额——记为 SI、第三产业 R&D 经费内部支出占 R&D 经费内部支出总额——记为 TI、第二产业和第三产业 R&D 经费内部支出占 R&D 经费内部支出总额的比重——记为 DI 来衡量山东省产业机构优化。在新旧动能转换视角下，产业结构的优化对"高精尖缺"人才的确有不可或缺的重要作用。当前，山东省出台一系列积极政策，比如"外专双百计划""创新创业领军人才聚集计划""深化供给侧改革"等，通过优化调整产业结构，着力推动"高精尖缺"人才政策的落实，切实达到吸引人才、留住人才、聚集人才的目的。

在山东省"高精尖缺"人才队伍引进风险测度研究中，以山东省"高精尖缺"人才引进政策为前提，对人才引进风险类型，人才引进风险原因，人才引进风险问题，人才引进风险控制进行了分析。基于层次分析法建立山东省"高精尖缺"人才引进风险模型，指出山东省"高精尖缺"人才引进风险对策。在"高精尖缺"人才引进的方式上，可以灵活多样，不必拘泥于一种，要充分利用人才的柔性流动，更好地吸引"高精尖缺"人才为我所用。政府在人才引进之初就需要加强人才甄别，搞清楚自己引进的是否真的是符合实际发展需要的"高精尖缺"人才，若有必要，政府可以引进第三方参与。同时，山东省政府可以吸收经验丰富的地方人才引进经验，取长补短，作出合理人才引进的资源规划，更好地引进人才。

基于人才集聚动力系统对"高精尖缺"人才队伍的仿真研究，山东省作为全国人才大省之一，"高精尖缺"人才引进还处于初级阶段，由于人才集聚因素复杂多变，难以定量分析，系统动力学作为一种定性定量分析相结合的分析方法，适合进行人才引进方面的研究。因此通过系统动力学对山东省"高精尖缺"人才集聚的因素，选取经济环境、自然环境、科技文化环境以及教育环境进行研究，并进行仿真，进而为山东省"高精尖缺"人才引进提供理论指导。采用系统动力学方法分析"高精尖缺"人才集聚的决定因素，有利于梳理经济发展当中各类因素与"高精尖缺"人才集聚程度间的关系。通过对山东省"高精尖缺"人才集聚动力机制的研究，发现山东省在"高精尖缺"人才动力机制方面的问题，并提出应对对策，提高山东省在"高精尖缺"人才集聚方面的能力和水平。结果表明，山东省内"高精尖缺"人才集聚决定因素的重要程度并不完全相同。产业经济环境作为经济环境中最重要的因素，对"高精尖缺"人才集聚的影响最大，社会福利待遇也不亚于产业经济环境的影响，教育环境以及自然环境影响虽然相对较弱，但是从长远来看，它们具有更深层次的影响。所以，山东省在着力加强改善产业经济环境以及社会福利待遇的同时，也要加强对于自然环境和教育环境的投入。从模拟结果来看，模型较好地拟合了山东省"高精尖缺"人才集聚的决定因素，但由于人才集聚是一个非常复杂的抽象过程，其影响因素难以考虑周全，模型也对部分变量进行了简单化处理。同时，经济系统中一些外生变量的变化，也会影响模型中变量的取值，这些都是本章的不足之处，值得进一步探讨。

本课题在研究过程中得到了山东省哲学社科基金（16CGLJ34）的鼎力资助，同时在写作过程中得到曲阜师范大学经济学院很多同事的大力支持，作者参阅了大量的文献资料，汲取了许多专家、学者的研究成果，在此向上述所有单位和个人表示衷心的感谢！

限于作者水平，书中的缺点和错误在所难免，殷切期望有关专家和广大读者批评指正。

王传会
2019 年 6 月于曲阜师范大学

目　录

第一章　绪　论 ……………………………………………… 1

　1.1 研究背景 …………………………………………… 1

　1.2 研究意义 …………………………………………… 5

　1.3 研究框架 …………………………………………… 9

　1.4 创新点 ……………………………………………… 12

第二章　文献综述 …………………………………………… 14

　2.1 关于人才队伍结构分析的研究 …………………… 14

　2.2 关于人才队伍绩效分析的研究 …………………… 18

　2.3 关于人才队伍多尺度动态分析的研究 …………… 20

　2.4 关于人才与产业结构优化的研究 ………………… 22

　2.5 关于人才引进风险测度的研究 …………………… 23

　2.6 关于人才集聚的研究 ……………………………… 25

　2.7 "高精尖缺"人才投入产出 ……………………… 28

　2.8 文献评述 …………………………………………… 29

第三章　理论基础 …………………………………………… 30

　3.1 人力资本的相关理论 ……………………………… 31

　3.2 人才的相关概念 …………………………………… 33

　3.3 "高精尖缺"人才的定义 ………………………… 35

　3.4 "高精尖缺"人才引进理论 ……………………… 38

　3.5 "高精尖缺"人才影响效应理论 ………………… 42

　3.6 "高精尖缺"人才人力资本对经济增长的影响方式 ………… 43

第四章 山东省"高精尖缺"人才队伍结构研究 ··········· 47

4.1 山东省"高精尖缺"人才队伍现状分析 ··········· 47

4.2 山东省"高精尖缺"人才需求研究 ··········· 55

4.3 山东"高精尖缺"人才结构与布局研究 ··········· 59

4.4 本章小结 ··········· 62

第五章 山东省"高精尖缺"人才队伍绩效研究 ··········· 63

5.1 山东省"高精尖缺"人才业绩考核机制研究 ··········· 63

5.2 山东省"高精尖缺"人才的发现机制研究 ··········· 70

5.3 山东省"高精尖缺"人才的动力机制研究 ··········· 76

5.4 员工薪酬满意度与绩效工资强度的关系研究 ··········· 77

5.5 本章小结 ··········· 82

第六章 山东省"高精尖缺"人才投入产出效率对比研究 ··· 83

6.1 基于 DEA-BCC 模型的静态分析 ··········· 84

6.2 基于 Malmquist 指数的动态效率分析 ··········· 87

6.3 本章小结 ··········· 90

第七章 山东省"高精尖缺"人才队伍动态多尺度评估研究 ··· 92

7.1 山东省"高精尖缺"人才队伍的动态分析 ··········· 92

7.2 山东省人才引进政策与优势省份对比分析 ··········· 101

7.3 山东省"高精尖缺"人才引进面临的困境 ··········· 107

7.4 针对山东省"高精尖缺"人才队伍建设的建议 ··········· 108

7.5 本章小结 ··········· 110

第八章 山东省"高精尖缺"人才队伍与产业结构关联性研究 ··· 111

8.1 山东"高精尖缺"人才结构与产业结构研究 ··········· 111

8.2 山东省"高精尖缺"人才发展背景下科创企业影响因素评价 ··· 120

8.3 山东省"高精尖缺"人才与产业结构优化实证研究 ··········· 130

8.4 本章小结 ··········· 151

参考文献 ··········· 153

第一章 绪 论

1.1 研究背景

为了充分发挥"高精尖缺"人才的作用，山东省政府施行一系列政策，积极引进各类"高精尖缺"人才。山东省成立专门人才领导工作小组，为"高精尖缺"人才开通绿色服务通道；出台并落实对于"高精尖缺"人才的各项优惠措施，确保各类"高精尖缺"人才享受到应有的待遇；为"高精尖缺"人才提供全方位、精准化的服务。引进和培育高层次"高精尖缺"人才已经作为我国现阶段的重要治国方针，部委以及地方也出台了引才计划，如2008年12月的"千人计划"，2012年8月的"万人计划"，都是面向国内"高精尖缺"科技人才的支持计划。山东省组织部也实施了"泰山学者人才计划"以及山东省"十三五"人才发展规划。目前，山东正处于经济转型时期，虽然GDP经济总量大，但经济结构不合理，重工业比重偏大，经济发展模式粗放等问题也很突出。人力资本对于经济增长的作用远远小于投资对于经济增长的作用，尤其是"高精尖缺"人才对于经济的贡献率较小。在投资对经济增长作用占大头的山东，积极发挥"高精尖缺"人才的作用是推动经济增长的一个重要潜力点。

当今社会，中国虽然为世界强国，但是核心高端技术缺乏，制造业缺少自己的品牌和创造技术，要想改变这种局面，中国必须重视创新与研发。想要拥有自己的品牌，"高精尖缺"人才的作用就显得尤为重要。以山东省为例，为考评"高精尖缺"人才业绩，近几年山东省引进了360度绩效考核及结合目标管理的绩效考核体系。经过实施，发现存在很多问题，比如与目标和组织战略严重脱节、考核形式单一、员工参与度不高、阻碍了员工的工作热情与积极性等。由此看来，该绩效考核体系到了应该改善的程度。而且，各个岗位人员共用一套绩效考核体系，不仅没有让"高精尖缺"人才得到应有的重视，没有对"高精尖缺"人才起到激励和促进的作用，反而挫伤了他们的积极性和创造性,从而使得研发部门的员工积极性不高,也缺乏相应的创作热情。因此"高精尖缺"人才的绩效考核体系应区别于其他岗位人员,以促进"高精尖缺"人才绩效提升。科技创新企业是指从事高新技术产品的研究、开发与经营,并处于企业生命周期的初创期和成长期,由科技人员创办或协助创办的中小型企业,一般具有高投资、高风险、高收益的特征。在全球经济结构大调整的背景下,科技创新企业对于建设区域创新体系、转变经济发展方式、增强经济发展活力具有不可替代的作用。因此,对科技创新企业成长问题的研究越来越受到国内外学者的关注。与一般企业不同,科技创新企业在技术、市场和管理方面具有高度的不确定性,各种因素对其成长的影响更为复杂多变。

一个国家的大学水平如何,从一个方面反映着这个国家科技和文化发展水平,也是这个国家综合国力的重要体现。5000 多年的中国历经由辉煌到没落再到辉煌,由成功到失败再到成功,由站着到趴下再到站起来,教育也随着中国面貌的变化而变化。直到今天,教育仍是我国发展的一块短板,反观世界发达国家的教育,始终坚持人才第一,坚持教育第一,建设了许多世界一流大学和一流学科。为此,国务院印发了关于《统筹推进世界一流大学和一流学科建设总体方案》,指出:建设双一流大学,包括一流学校和一流学科,对于提高我国的教育水平、增强国家竞争力、奠定长远发展基础,具有十分重要的意义。近些年,通过实施"985 工程""211 工程"以及"优势学科创新平台""特色重点学科项目"等重点建设,一批重点高校和学科建设取得了极大进展,带动了我国高等教育整体水平的整体提升。同时,重点建设也存在着身份固化、竞争缺失、重复交叉等问题,急需要加强整合资源,创新实施方法和方式。

人才不仅是社会进步的重要保障,也是国家实现中华民族伟大复兴的"中国梦"不可或缺的重要推动力。党的"十三五"规划纲要提出,推动人才结构战略性调整,突出"高精尖缺"导向,即首次提出"高精尖缺"人才的概念。随着改革开放的深入开展,山东省根据人口、经济、政治、社会、生态等方面的发展需要,进一步提出了培养和发展"高精尖缺"人才的战略目标,着重提出了"三类高层次高技能人才可领'绿卡'""以人才公寓、人才周转房'筑巢引凤'""在工商、税务、海关等方面均享精准服务""进事业单位不受用编进人计划限制"等优惠政策。当前世界的特点之一是知识经济的爆炸,我国科技水平不断提高,社会生活现代化程度不断加深,经济方面生产力水平大幅度提高,政治民主化程度不断加深,社会现代化水平日益增进。党的十九大报告中明确指出:中国特色社会主义进入新时代,我国社会主要矛盾已经转化为人民日益增长的美好生活需要和不平衡不充分的发展之间的矛盾，但我国仍处于并将长期处于社会主义初级阶段的基本国情没有变，我国是世界上最大发展中国家的国际地位没有变。在此背景下，我国人才的培养，尤其是对"高精尖缺"人才的培养显得尤为迫切和重要。

我国虽然在经济发展、政治建设、文化体制改革、社会民生改善和治理、生态环境建设方面取得了长足的进步与发展，但是我国"高精尖缺"人才供给和需求仍存在着重大的缺口。经济的持续发展依赖于"高精尖缺"人才的培养与输出，从国家层面到地方层面皆是如此。近年来，山东省的人才队伍不断壮大，人才素质也显著提高，人才结构日趋完善，但"高精尖缺"人才的发展与社会经济政治等方面仍存在不相适应的问题。基于此，山东省立足于基本省情，重视对人才战略的实施推进，积极响应国家号召，贯彻落实高级人才的详细规划，并因地制宜发展山东省新型人才培养方略，出台户籍、社会保障、住房、薪酬等一系列配套策略，不断完善、巩固"高精尖缺"人才建设。

结合目前国内建设双一流学校的政策来说，有中华人民共和国教育部于2010年7月颁发的《国家中长期教育改革和发展规划纲要（2010—2020）》，且党中央在十八届五中全会上提出，推动一批高水平大学和学科进入世界前列。2017年党的十九大报告中提出，要统筹推进一流大学和一流学科协同发展，提高教育质量，为各高校指明方向。近年来，对于"双一流"高校的研究备受关注，日趋成熟，但多用定性分析来讨论所面临的问题以及解决措施，对如何建设"双一流"高校存在一定的偏差。在各个高校的建设上，学者们多采取各个省份的纵向比，以山东省各高校为例，从"985"高校、"211"高校、省属院校的创新人才和师资力量进行横向比，采取定量分析的方法，从各高校的现状来分析各高校关于师资和创新人才存在的问题，并试图给出解决方案来帮助解决这些问题，希望能给高校的发展提供新方向，给以后的研究带来新的思路。

人才是每个国家和地区发展中的重要部分，它决定和制约着国家和地区的发展水平。人才的集聚不仅仅是一种重要社会现象，而且对于区域社会经济的发展将会产生深远影响。因此，对区域人才集聚的分析和考察具有十分重要的现实意义。在党的十九大报告中，习总书记提出发展不平衡不充分的一些突出问题尚未解决，发展质量和效益还不高，创新能力不够强，实体经济水平有待提高，对我国人才引进，特别是"高精尖缺"人才的引进提出了要求。

目前，我国"高精尖缺"人才数量居世界第一。在广大科研人员不懈努力下，我国的量子通信、中微子振荡、高温铁基超导等基础研究取得了一批原创性成果，载人航天、探月工程、深海探测等项目达到世界先进水平。但必须看到，我国"高精尖缺"人才匮乏，处在"金字塔"尖的人才依然稀缺。这一现状，导致我国在不少核心技术和关键领域依然处于受制于人的境地，这严重制约着我国自主创新能力的提升，成为推动产业转型升级的瓶颈和短板。

自从电子计算机发明以来，人类社会飞速发展，以电子计算机为基础的信息技术与产业高速发展。人类迅速地进入到了知识经济的时代。知识经济时代的发展，必须依靠持有丰富知识以及可以创新的人才。在经济的可持续发展当中，人才的地位，尤其是"高精尖缺"人才的地位越来越重要，越来越成为经济社会发展的新鲜血液。这些区别于以往的工业经济时代注重大规模的粗放投资，过分注重物质要素的特点。由此看来，我们只有吸引并且集聚大量的"高精尖缺"人才，才具有强劲的发展潜力和持续的创新能力，来应对当前中国经济结构转型困难的现状，并在未来的竞争中占据有利的地位。反观当下的世界，全球化、科技化、区域化日益增强，各个地区对于人才尤其是"高精尖缺"人才的需求更加旺盛，要求也变得越来越高，对人才的竞争也变得越来越激烈。所以，研究并且改善"高精尖缺"人才集聚的数与量的相关问题，也是本课题的一个研究方向。

山东省是经济大省，也是一个人口大省，但是山东省不是一个人才大省，山东省缺乏人才，尤其是"高精尖缺"人才。山东省近年来的经济增长一直是依靠物质资本的投资驱动，这也表明，山东省没有将丰富的人口资源优势转换为人才的优势。在中国经济下行压力较大，经济结构面临转型的阶段，一个地区仅仅集聚一定数量的劳动力，仅仅集聚一定数量的人才对经济增长的作用还是远远不够的。依靠人才数量推动经济增长的作用在逐渐地降低，因此，必须依靠更加优质的"高精尖缺"人才来推动经济的增长、社会的变革，促进经济结构的转型升级。当前，山东省及各省都在努力转变经济发展的方式，调整自己的产业结构，提升自己的创新能力，这些都需要大量的优质的"高精尖缺"人才来为社会的发展注入动力，完成这个阶段的任务。但是就山东省目前的实际情况来看，并不十分乐观。许多优质的"高精尖缺"人才在地域上分布不平衡，大部分人为了追求更好的生活以及其他方面的便利，大多集聚在东部地区。中部以及西部的"高精尖缺"人才较少，并且中部以及西部的"高精尖缺"人才流失严重，留不住"高精尖缺"人才，吸引不了"高精尖缺"人才，这就进一步造成了这些地区的发展落后，产生不良的负面效应。另外，山东省的"高精尖缺"人才与北京、天津、广东等地区相比，人才的集聚质量也不占优势。由于山东省社会体制等原因，在对"高精尖缺"人才的正确配置及利用效率上也差强人意。"高精尖缺"人才的自身价值得不到充分体现，自身的创新能力也得不到充分发挥，自己的创新成果也很难完全与企业生产接轨，转换为经济效益。

从上述的分析当中可以清晰地看出，山东省面临的现实情况非常严峻。因此本课题通过建立数理模型探明影响山东省"高精尖缺"人才集聚的重要因素，有利于更加科学合理地制定相关政策，科学部署对于各种经济要素的投资，适应山东省经济结构转型与升级发展的需要。因此看来，对山东省"高精尖缺"人才集聚的影响因素等进行分析，具有非常重要的实践与理论上的意义。

在当今世界，随着全球经济一体化不断深入，各个地区的竞争也变得越来越激烈。在21世纪，"高精尖缺"人才越来越成为推动经济飞速增长的主要因素。在这个知识经济占据主导地位的时代，知识的更新再造可以推动技术上的创新。谁拥有不断进步的知识与技术，谁就能更快地增强自己的实力，提高自己的国际地位。一个地区只有不断地进行创新，才会拥有大量"高精尖缺"人才的人力资源储备，自己的经济才会有强劲的发展潜力与空间。

在当前全球化进一步发展的形势下，全球化对于发展中国家既是机遇也是挑战。全球化的发展也进一步加快了人才的流动，"高精尖缺"人才更加趋向于从落后地区向发达地区流动。为了自身以后的发展，各个地区采取各种措施来实施"高精尖缺"人才的引进。这也就进一步导致了各地区自身的发展需求与供求关系之间的不平衡。"高精尖缺"人才短缺不仅仅是国内，在国外也成为一项难以解决的课题。

1.2 研究意义

1.2.1 理论意义

人才资源与历史发展两者之间是相辅相成的，人才资源对于每一个历史时期而言，都是推动历史向前发展的重要力量，在不同的历史时期下，对人才资源的具体素质要求不同，随着历史发展，对人才资源的各项要求将在原先基础上有一个质的飞跃。在远古时代，能够捕获更多猎物的猿人，就可以被称为是那个时代的人才。在农业时代，对于能够创造简单农业生产工具或者是能够收获更多农作物的人，就可以被定义为该时代下的人才。在工业时代，对于能够进行新机器设备操作的第一批人，就可以被认为是当代的人才。而人类社会发展到今天，劳动密集型产业、能源密集型产业、原料密集型产业、资金密集型产业、知识以及技术密集型产业的发展趋势，更多的是弱化对劳动力数量的依靠，倾向以知识技术为导向，注重人才的质量。从当前经济发展所要求的"高精尖缺"人才出发，对山东省"高精尖缺"人才资源的需求进行研究，在一定程度上有助于为山东省人才培养作出定位以及省内人才的引进。同时，通过对山东省产业结构分析、产业结构与人才关系的分析、山东省劳动质量的分析、产业结构和劳动质量对"高精尖缺"人才资源需求的影响进行分析，从而形成山东省"高精尖缺"人才资源需求数量前期的预测，以及关联的程度系数。改革开放至今，中国经济获得了瞩目的成就，特别是中国的制造业取得了飞跃性的发展，至今仍享有"世界工厂"的美誉。凭借廉价劳动力和资源优势，中国产品销往世界各处。但我们也要看到，中国的制造业普遍技术含量较低，需要消耗大量资源和劳动力。因此，产业急需转型，要提高产品的科技含量。这离不开"高精尖缺"人才的努力，"高精尖缺"人才在整个社会中的作用举足轻重。"高精尖缺"人才有其自身特点，在思维方式、科技研发方面都与其他部门人员有着区别。因此，对于"高精尖缺"人才的管理就要不同于对其他人员的管理。如何对"高精尖缺"人才进行管理成了一个值得思考的问题；如何对"高精尖缺"人才进行绩效考核也就成了一个难题。如何解决这些难题，使得"高精尖缺"人才更好地发挥他们的作用，值得我们探索和研究。本课题就是通过各种管理与考核理论着重解决对"高精尖缺"人才的管理与考核，使得"高精尖缺"人才更好地为社会服务。

创建世界一流大学和一流学科是国家在教育方面崛起的迫切要求，也是提升国家整体水平的迫切要求。世界一流大学和一流学科是高端的科学研究、技术提升的支撑力量，不仅是科学、技术和教育的摇篮，而且是现代文化、思想、文明的重要源泉。对整个国家来说，通过建设双一流学校，做到积极全面地贯彻党的教育理念和方针，坚持中国特色社会主义的办学目标，批判性地继承和弘扬中华民族优秀文化。

本课题主要以山东省作为研究对象。本课题首先对"高精尖缺"人才的相关理论，例如人力资本理论、人才流动理论、人才引进理论等等做了梳理，为后续的研究提供了坚实的理论基础。然后，通过各个章节，建立数理模型，做了定量的分析，更加科学系统地研究了"高精尖缺"人才。因此，本课题所进行的研究有一定的理论意义。

1.2.2 现实意义

在对山东省产业结构现状、类型，以及主要产业下企业的数量进行分析与调查的基础上，可以清楚直观地形成对山东省内产业在数量和结构方面的认知，对山东省产业结构的调整，能够在一定程度上起到指导作用。同时，通过对山东省劳动质量进行数据的收集、整理与分析，便于了解山东省的人才层次，再结合当前产业结构特征，以及建立产业结构、劳动力质量对山东省"高精尖缺"人才资源需求的灰色预测模型分析，可推动山东省高校人才的培养与市场实际所需人才相匹配，降低结构性失业带来的影响，实现山东省人才高地的建设。

"高精尖缺"人才是一个地方社会发展的不竭动力和第一资源。"高精尖缺"人才引进过程是一项持续的活动，包括人才引进前的接触与谈判、引进中的契约签订，以及创新创业或科研活动考核评估等环节。如何意识到人才引进的风险，并采取相应对策以规避风险，已成为人才管理部门在人才管理中亟待解决的现实问题。"十三五"以来，山东省作为"高精尖缺"人才引进的大省，从全面建成小康社会的战略需求出发，实施"科教兴鲁、人才强省"战略，不断扩大人才总量，提高人才质量，调整优化人才结构，全面提升山东省专业技术人才的自主创新能力与水平，为建设"大而强、富而美"的新山东提供强有力的人才和智力支撑。经过几年的成功实践，山东省"高精尖缺"人才引进，为山东省经济社会发展提供了强有力的人才保障和智力支撑，但同时也存在着诸多风险，只有充分认识这些风险，才能够进一步提高人才引进的效率和质量。

高校"高精尖缺"人才引进风险研究的目的，是通过对高校人力资源管理和风险管理进行系统理论分析，分析山东省高校人力资源管理风险产生和作用的机理；对人才队伍引进风险的类型及板块分布表现进行分析，发现潜在的风险；剖析高校人才引进及其管理之风险产生的内外原因，对高校"高精尖缺"人才引进及管理风险的识别、评价以及风险评价指标体系进行研究；为高校预防和规避人才引进风险提出对策和方法。

"高精尖缺"人才是高校最为重要的资源之一，高校日常运营及所有工作都需要人才的动力和合力，高校间的竞争，本质上还是人的竞争。所以，对高校人才引进风险进行研究有着十分重要的意义，能够使高校重视人才引进及人才管理的风险，提高高校及其管理者对风险的认识及防范、应对能力。在当前经济高速发展和激烈的人才竞争背景下，尽量减少高校人才引进及管理的负面效应，充分实现"高精尖缺"人才的最大价值。为高校防范人才引进及管理的风险提出对策，降低管理风险，避免不必要的损失，提高高校竞争力，因此，合理有效地集聚人才，特别是"高精尖缺"人才，使其产生"1+1>2"的正集聚效应，则显得尤为必要。由于人才集聚系统是一个十分复杂的社会系统，处于不断变化的过程当中，包含着复杂多变的反馈过程，因此，本课题采用系统动力学仿真分析的研究方法。在经济发展过程当中，人才的发展需要以多种条件为依托，采用系统动力学方法分析"高精尖缺"人才集聚的决定因素，有利于梳理经济发展当中各类因素与"高精尖缺"人才集聚程度间的关系。通过对山东省"高精尖缺"人才集聚动力机制的研究，发现山东省在"高精尖缺"人才动力机制方面存在的问题，并提出应对对策，提高山东省在"高精尖缺"人才集聚方面的能力和水平。

创建世界一流大学和一流学科是国家在教育方面崛起的迫切要求，也是提升国家整体水平的迫切要求。对山东省内高校来说，借鉴世界发达国家双一流学校政策，有利于建设山东省内一流大学和一流学科，有利于坚持以立德树人为根本，以支撑人才强省战略和创新驱动战略，服务山东省经济社会发展为目标；以建设学科为基础，支持高水平的学科保持领先地位，鼓励特色和优势的学科争创一流，推动山东省内大学和一批学科达到国际知名、国内领先水平。此举不仅推动山东省一批高水平大学和学科进入世界一流行列，更重要的是以"世界一流"建设带动山东省高等教育水平整体提升，实现山东省成为高等教育强省的目标，为经济文化强省建设提供更加有力的人才保障、智力支撑和科技支撑。打破山东省高校与高校之间存在的壁垒和障碍，积极促进学校之间教育资源交流与融合，最大限度挖掘山东省高等教育水平的潜力，为实现山东省成为国家高水平教育大省、为实现"两个一百年奋斗目标"、为实现中华民族伟大复兴提供动力。

山东省近几年来的经济增长速度有所放缓，作为一个经济大省，就其与所相近的京津冀等各个省市来比，还有较大的差距。山东省的产业结构较为单一，以重工业为主，产业链较短，缺乏高新技术要素支撑，自身的创新能力不强。目前国家提出建立创新型国家战略、人才强国战略。山东省响应国家号召，积极转变发展方式、加快产业结构升级、发展高新技术产业、构建现代的产业体系，这有利地提升了自身的区域经济发展水平。山东省大力实施"高精尖缺"人才的引进战略，是在现实的基础上进行发展的正确选择。

经济发展主要的动力之一是技术的进步。技术进步除了由一个国家或者地区内生外，还可以依靠技术的转移。技术进步的主要动力之一是人力资本的国际流动。高级人才，尤其是"高精尖缺"人才可以带动资本、技术、管理的流动。"高精尖缺"人才要素的引进已经成为世界上发达地区和发展中国家实现先进技术转移的方法。"高精尖缺"人才的引进可以使一个国家和地区在一个相对较短的时间段内实现技术的升级，迅速提高劳动生产效率、促进管理的创新、促进经济增长与贸易升级。在十八届六中全会上，国家曾经明确地提出转变经济发展方式就是要从粗放的资源消耗逐渐转变成为劳动生产效率的提高。在十九大的报告上，国家提出要培养具有国际水平的战略科技人才、科技领军人才、青年科技人才和高水平创新团队，加快建设创新型国家。2018 年的国务院政府工作报告中，国家提出了要加大对高技能人才的激励，鼓励海外留学人员回国创新创业，拓宽外国人才来华的绿色通道。因此，山东省大力引进"高精尖缺"人才，可以促进本省的贸易升级，实现产业结构的升级，有利于"高精尖缺"人才推动生产技术的进步以及管理的创新。

当今世界，"高精尖缺"人才在解决企业发展过程中的难题，自主研发高新科技的项目，转化科研成果等方面发挥着越来越重要的作用。"高精尖缺"人才的数量及质量，越来越成为决定一个地区的经济能否保持快速增长，促进经济发展的重要因素。就山东省的情况来说，各个领域与行业的"高精尖缺"人才也已经成为促进社会发展的重要动力资源。本课题通过选取山东省作为主要的研究对象，可以正确地梳理山东省的"高精尖缺"人才引进的实际情况，为其他有需要的地区提供有益的借鉴。

当前，国际竞争的主要领域是高新技术产业。高新技术产业对于山东省的经济结构转型、产业结构调整、发展高质量的经济具有重要的意义。近些年来，山东省乃至全国，高新技术产业创造的财富在总财富当中的比重大大提升。经济结构的转变、高新技术产业的发展，背后都得需要依靠"高精尖缺"人才，经济持续良好的运行，核心就是人才竞争。

1.3 研究框架

本课题通过对山东省产业结构分析、产业结构与人才关系的分析、山东省劳动质量的分析、产业结构和劳动质量对"高精尖缺"人才资源需求的影响进行分析，从而形成山东省"高精尖缺"人才资源需求数量前期的预测，并从六个方面进行研究，提出了相应的政策性建议。

第一，在山东省"高精尖缺"人才队伍结构分析的研究中探究山东省人才的现状，发现山东省人才的变化呈现出三个特征：一是人才总量增长较快；二是人才素质稳步提升；三是人才结构较为合理。通过资源现状的研究，运用经济要素与经济增长关系测算、贡献率测算、要素增长率测算，发现山东省每年的经济平均增长率有所降低，经济发展速度有所降缓。这与当前全国的经济下行的形势相符，山东要积极转变经济发展方式，调节经济结构，合理引导经济发展。人才留不下来，主要原因是人才发展载体的支撑作用发挥得还不充分。一方面，"国字号"和高水平高校、科研机构较少，缺乏集聚高端人才的载体；另一方面，产业结构以传统产业为主，同先进省份相比，山东省高新技术企业数量、规模还有较大差距，缺少聚集人才的企业平台。合理开发并利用现有的人才、树立科学的用人观，为山东省政府解决人才问题提供一些建议，实现经济和社会的全面可持续发展。

第二，在山东省"高精尖缺"人才队伍绩效分析中，发现企业人才战略实施"高精尖缺"人才集聚过程中存在的问题日益凸现，例如：人力资源管理制度不配套、激励机制不健全等。因此，建立一套科学有效的人才绩效考核体系，已经成为当前摆在各企业人力资源管理者面前的一项重要课题。本课题通过对绩效考核及其相关理论的综合评述，为科学有效地研究制定企业人才管理绩效考核体系提供了理论基础。在对专业技术管理人员绩效考核现状进行深入分析的基础上，指出了存在的问题和原因。针对人员工作任务性质和特点，从工作业绩、工作能力和工作行为三方面设计关键考核指标。对于每个工作岗位来说，都存在或多或少的可变薪酬，可变薪酬对调动员工的积极性具有很大作用，并且能够使员工感受到薪酬分配的公平性，体现了多劳多得的原则。但每一个岗位的工作绩效强度不同，这与工作岗位本身的性质有关，当该工作岗位能为企业创造更多利润时，该工作岗位的绩效强度就大。企业为了充分调动员工的积极性，实现企业的战略目标，给予员工更多的可变薪酬，可变薪酬对员工而言还具有福利的作用。对于员工工作绩效变化不明显的岗位，该岗位的可变薪酬强度相对较低。员工更加在意基本薪酬，当基本薪酬过低时，会影响员工的薪酬满意度，该岗位的员工对于工作绩效强度给予的关注度低。但是仅仅几个指标作为整体衡量具有一定的片面性，要充分结合实际情况综合整理。

第三，在山东省"双一流"高校师资建设动态多尺度评估模型研究中，提出随着我国打造一流学科和一流高校的建设目标，各高校根据自身优势特色学科，根据创新引领要求，以人为核心，培养"高精尖缺"人才，为打造高校师资队伍建设奠定基础。在"双一流"建设的背景下，通过学科、"高精尖缺"人才引进数量等指标，运用层次分析法，以及 GM（1，1）灰色预测模型进行综合量化评估，与江苏省高校对比分析，提出山东省高校师资队伍建设实践中的创新建议：加大对"高精尖缺"人才的投资力度，建立健全师资引进观念和制度，强化师资人才发展管理以及加强人才创新意识。通过对比分析为各高校建设提供建议。创新点在于在研究中采取定量的方式进行分析，运用层次分析法、优序对比法、GM（1，1）灰色预测模型等进行多尺度、多维度的分析，使问题和建议更具有针对性和可行性。

第四，在山东省"高精尖缺"人才队伍与产业结构的关联性研究中，进行了产业结构和"高精尖缺"人才结构分析。对产业结构与科技人才培养结构的关系，运用了计量模型进行分析与检验。在山东省"高精尖缺"人才发展背景下，对科创企业影响因素评价指标进行研究，分别指出外部因素和内部因素，基于权熵系数法对内外部因素进行分析，由权重大小可以判断出因素指标对科创企业的影响程度。其中对指标进行了信度分析和效度分析，以确保指标体系的合理性与完善性。在山东省"高精尖缺"人才与产业结构优化实证研究章节中，通过建立灰色关联模型、灰色预测模型和 VAR 模型，分析"高精尖缺"人才与产业结构优化的关系。根据主成分分析法，科技教育对"高精尖缺"人才的影响最大，因此，在实证分析时，采用科技与研发人员数（R&D 人员数）占就业人口的比重—记为 R，来衡量山东省"高精尖缺"人才，为了与 R&D 人数更好地匹配，用第二产业 R&D 经费内部支出占 R&D 经费内部支出总额——记为 SI、第三产业 R&D 经费内部支出占 R&D 经费内部支出总额——记为 TI、第二产业和第三产业 R&D 经费内部支出占 R&D 经费内部支出总额的比重——记为 DI，来衡量山东省产业机构优化。在新旧动能转换视角下，产业结构的优化对"高精尖缺"人才的确有不可或缺的重要作用。

第五，在山东省"高精尖缺"人才队伍引进风险测度研究中，以"高精尖缺"人才引进政策为前提，对人才引进风险类型、人才引进风险原因、人才引进风险问题、人才引进风险控制进行了分析。基于层次分析法，建立山东省"高精尖缺"人才引进风险模型，指出"高精尖缺"人才引进风险对策。在"高精尖缺"人才引进的方式上，可以灵活多样，不必拘泥于一种，要充分利用人才的柔性流动，更好地吸引"高精尖缺"人才为我所用。政府在人才引进之初就需要加强人才甄别，搞清楚自己引进的人才是否确实是符合实际发展需要的"高精尖缺"人才，若有必要，政府可以引进第三方参与。同时，山东省政府可以吸收经验丰富的地方人才引进的经验，做出合理的人才引进的资源规划，更好地引进人才。

第六，在人才集聚动力系统对"高精尖缺"人才队伍的仿真研究中，山东省作为全国人才大省之一，"高精尖缺"人才引进还处于初级阶段，由于人才集聚因素复杂多变，难以定量分析，而系统动力学作为一种将定性与定量分析相结合的分析方法，适合进行人才引进方面的研究。因此，本书旨在通过系统动力学对山东省"高精尖缺"人才集聚的因素选取经济环境、自然环境、科技文化环境以及教育环境进行研究，并进行仿真，进而为山东省"高精尖缺"人才引进提供理论指导。采用系统动力学方法分析"高精尖缺"人才集聚的决定因素，有利于梳理经济发展中各类因素与"高精尖缺"人才集聚程度间的关系。通过对山东省"高精尖缺"人才集聚动力机制的研究，发现山东省在"高精尖缺"人才动力机制方面存在的问题，并提出应对对策，提高山东省在"高精尖缺"人才集聚方面的能力和水平。结果表明，山东省"高精尖缺"人才集聚决定因素的重要程度并不完全相同。产业经济环境作为经济环境中最重要的因素，对"高精尖缺"人才集聚的影响最大，社会福利待遇也不亚于产业经济环境的影响，教育环境以及自然环境影响虽然相对较弱，但是从长远来看，它们具有更深层次的影响。所以山东省在着力加强改善产业经济环境以及社会福利待遇的同时，也要加强对于自然环境和教育环境的投入。从模拟结果来看，模型较好地拟合了山东省"高精尖缺"人才集聚的决定因素，但由于人才集聚是一个非常复杂的抽象过程，其影响因素难以考虑周全，模型也对部分变量进行了简单化处理。同时，经济系统中一些外生变量的变化，也会影响模型中变量的取值，这些都是本书的不足之处，值得进一步探讨。

1.4 创新点

第一，本课题首次构建了"高精尖缺"人才载体的灰色聚类分析模型，提出了对山东省"高精尖缺"人才载体的灰色聚类分析。

第二，识别与山东吸引"高精尖缺"人才的国内竞争性经济区域，比较竞争经济区域的"高精尖缺"环境、"高精尖缺"政策模式。

第三，识别"高精尖缺"人才"高精尖缺"的风险因素，弄清这些风险的发生、发展的规律与作用机制，并寻求这些风险的表征与测度方法。

第四，通过对比分析为各高校建设提供建议，创新点在于在研究中采取定量的方式进行分析研究，运用层次分析法、优序对比法、GM（1，1）灰色预测模型等进行多尺度、多维度的分析，使问题和建议更具有针对性和可行性。

第五，采用了系统动力学方法分析了产业经济环境、教育环境、自然环境以及社会福利待遇在"高精尖缺"人才集聚中的作用，构建了"高精尖缺"人才集聚系统动力学模型并进行了仿真。研究发现产业经济环境以及社会福利待遇在影响"高精尖缺"人才集聚因素中占主导地位，为经济发展过程中人才的合理集聚提供了理论指导。

第六，以山东省"高精尖缺"人才为研究对象，研究产业结构调整对其影响。通过主成分分析法确定科技教育对"高精尖缺"人才具有重要影响，选取影响山东省"高精尖缺"人才相关指标，采用构造灰色关联模型、灰色预测模型和 VAR 模型的方法对"高精尖缺"人才和产业结构优化进行实证分析。实证研究发现,"高精尖缺"人才与第二、第三产业的相关性。

第七,设计山东省"高精尖缺"人才绩效考核制度时,运用 KPI 关键绩效指标法确定绩效考核指标,更好地完善了山东省"高精尖缺"人才的绩效考核制度。

第二章　文献综述

2.1　关于人才队伍结构分析的研究

2.1.1 人力资本要素对于经济增长的贡献率

靳海涛（2009）采用一系列计量经济学的方法，探讨了江苏省人力资本对经济增长的贡献程度。徐善楼、卞超、谢嗣胜（2010）通过构建的模型，研究了江苏省物质资本、人力资本、人力资本不同层次对经济增长贡献率的差异。对于人力资本贡献率测算，大部分学者建立柯布—道格拉斯函数，利用数据测算人力资本、人才资本对于经济增长的贡献率，以及各要素所占贡献份额的对比［黄维德、郗静、汤磊（2010），王建宁（2012），郭克良、张子麟、蒙运芳（2015）］。也有不少学者运用改进的柯布—道格拉斯函数研究人才对于经济增长的贡献率［景跃军、刘晓红（2013），贺勇、廖诺、杨倩霞（2014），夏业领、何刚（2017）］。还有学者通过人力资本外部性模型和有效劳动模型，研究了人力资本对于经济增长的贡献情况［李培泓、张世奇（2011），穆君婉（2015）］。另外，也有学者利用政治经济学中马克思劳动价值理论的相关内容，运用商品价值构成机制模型测算出 1978—2015 年间我国人才对于经济增长的贡献率［马宁、王选华（2017）］。付仁峰（2018）根据某勘察设计企业的相关数据，建立人才资本的产出模型，并计算出人才资本的贡献率。

2.1.2 人才引进现状以及问题

许多学者对地方"高精尖缺"人才现状及引进过程中的问题也进行了研究。严光菊、赵成文、王虹等（2011）为推进"高精尖缺"人才建设之路，通过抽样问卷调查和座谈信息，对泸州重点产业"高精尖缺"人才现状进行了分析。赵宏伟、郗永勤（2012）分析了福建省"高精尖缺"人才集聚现状，根据地方"高精尖缺"队伍建设特点，从多个方面对人才集聚途径展开分析研究。刘航、汤良、吴占坤（2013）对齐齐哈尔市的"高精尖缺"人才引进中的问题进行分析，从多角度提出解决办法。桂润楠（2014）基于人力资本理论、推拉理论等相关理论，研究了中国归国海外"高精尖缺"人才回流现状，并针对其中产生的问题提出了相关的建议。缪宇泉（2016）以南通市为例，分析该市引进"高精尖缺"海外人才政策的形成过程、体系构成、实施现状、并对其进行 swot 评估。

2.1.3 人才引进需求

中国的经济下行压力较大，经济结构面临转型的需要，经济增长的速度有减缓的趋势，影响中国经济增长的因素是多种多样的。但是，在多种因素的影响当中，"高精尖缺"人才的数量以及质量的影响是最主要的。因此，许多学者便就不同的地区作为自己的研究对象，对"高精尖缺"人才的需求展开分析与研究。

在国内，关于"高精尖缺"人才的研究，最早是对高级专业技术人才进行的人事统计工作。随着经济全球化的发展，中国越来越融入了世界的大市场当中，国内的市场经济体制不断地完善，对于"高精尖缺"人才的需求加大，人才强国战略以及科技强国战略逐渐地被人们所接受。为了培养具有坚定的政治信仰以及出色的创新能力，适应我国进行社会主义现代化建设的需要，国家也提出了要进行"高精尖缺"人才引进以及培养的工作。因此，有关"高精尖缺"人才的研究也就大量地出现了：王通讯（2011）等学者依据国家制订的"高精尖缺"人才标准，结合自己所研究的领域内"高精尖缺"人才的需要，建立了相关的人才评价体系；也有的学者从"高精尖缺"人才的培养入手，对高等教育、高等学校的研究生教育展开了研究。

为了促进一个地区经济长久持续健康发展，国内许多学者也就各个地区、各个产业的实际，对人才的需求状况展开了预测，为人才的引进提供正确的理论依据，促进政策的合理制定。陆莎（2003）以广西省作为研究的对象，通过收集广西省的相关数据，并对数据进行整合处理，结合广西省提出的"十五"计划和 2010 年的规划，利用数据处理软件对广西省未来所需要的专业技术人才的数量做了大胆的预测。

杨卫疆（2003）构造了我国的人才需求的预测模型，在进行人才需求预测的时候，不仅仅要考虑该地区经济因素的影响，还要考虑该地区其他因素的影响。其他的因素受人为因素的干扰，所以对"高精尖缺"人才的需求预测是一件非常困难的事情。但作者认为，在现实的世界当中，人才市场的规律性会发挥作用,因此可以忽略非经济因素的影响。在将非经济因素排除之后,只考虑经济因素,例如固定资产存量、产业结构比例、技术产业化进程,再科学地选取相应的指标,建立了时间的预测模型,对"高精尖缺"人才的需求做出预测。

田静(2006)是以新疆地区作为主要的研究对象,在研究的过程当中,作者使用了柯布—道格拉斯函数的拓展变形的公式,该公式是杜昭明教授提出的,在原有的柯布道格拉斯函数当中加入了独立的人才因子。然后,田静(2006)利用相关的数据对新疆地区的人才资源分别做出了短期之内以及中期之内的预测,预测的过程以及结果比较科学合理。

陶良虎(2001)是以湖北省作为主要的研究对象,他结合湖北省近几年经济的发展状况,选取了总人口、国内生产总值、三个产业从业人员数、高校毕业生安排就业数等指标,建立了湖北省的经济发展对于"高精尖缺"人才的需求指标体系。然后又结合灰色系统模型、回归模型、弹性预测等等多种数理模型,预测了湖北省"十五"计划及 2010 年规划经济建设所需要的"高精尖缺"人才的数量。

李涛、宋光兴(2006)研究了一个区域在对人才资源的需求进行预测时的方法,指出,只有在一个区域的经济平稳运行,经济不发生较大波动的时候,人才的相关政策、经济发展的相关政策都保持不变或者稳定的时候,传统的方法才会起作用。为了提出对人才资源需求新的研究方法,李涛,宋光兴(2006)还探讨了近几年出现的对人才需求预测方法的不同特点,对它们之间的联系以及区别作了分析。最终,李涛,宋光兴(2006)认为,为了能够准确地预测国内的人才资源,适应我国的国情,采用单一的预测方法较为差强人意,可以采用组合预测的方法,使得结果更加科学合理。

王鹏涛(2000)对人才资源的需求以及质量的预测模型做了研究,王鹏涛认为,以前许多学者采取的数据等由于统计口径的混乱,人才资源的统计资料缺乏,这对正确地预测人才资源的数量以及研究预测的规律,都增加了相当大的难度。当前我们国家的经济发展速度较快,这就需要不断地对社会主义市场经济体制进行改革。经济体制改革的不断转变,也导致企业对于"高精尖缺"人才的需要产生了很大的变化。为了使人才资源预测过程更加科学合理以及预测结果更加准确,王鹏涛(2000)还利用我国发达地区作为样本点,融入了预测的模型当中,使得模型更加合理,打破了原有的预测模型的弊端,又符合了实际的规律。王鹏涛(2000)在设置人才资源总量的预测模型时,将总产值增长率作为一个指标,将第一产业产值占国内总产值的比重、第二产业产值占国内总产值的比重、第三产业产值占国内总产值的比重、高新技术产业产值比率、社会劳动生产率增长率、人才发展的社会环境作为了影响人才增长的因素。

2.1.4 人才结构优化

对于人才概念的界定范围与研究比较多，前文也已经进行了详细的描述。美国学者 Robert.Albert（2006）在前人研究的基础上，结合自己的理解，将人才的主要特征进行了归类，他认为人才主要具有创造性、杰出性、影响性三个特点。

对于人才结构，简单来说，可以认为是人才系统构成的形式。通过对相关文献的阅读，可以将人才的结构简单地划分为三个层次类型：第一个层次是人才的个体的素质结构，这是组成人才群体结构的基础；第二个层次是人才的群体的结构，人才的群体结构可以包括人才的性别结构、年龄结构、知识结构、素质结构等等；第三个层次是人才的社会结构，人才的社会结构也是一个综合体，主要取决于社会的政治结构、经济结构、教育结构、产业结构、技术结构等。

人才的结构也包括三个方面的含义：第一个含义是人才整体中要素的数量；第二个含义是人才整体中要素的配置；第三个含义是各要素在人才整体中的地位和作用。这三个方面的是相互影响、相互作用的，只要某一方面发生改动，整个结构也会发生变动。

岳书敬（2008）以我国 30 多个省市地区为主要研究对象，建立了人力资本的评价体系。利用劳动报酬的方法、受教育年限等计算人力资本存量的方法，最后利用相关的数据处理软件，采用主成分分析的方式，对全国区域作出人力资本的测度，并最终得出中国 30 多个省市地区的人力资本的综合指数结果。

吴中伦和陈万明（2009）构建人才结构的评价指标体系，该人才结构评价指标体系主要分成两大块：第一大块是总体的人才结构，包括人才供需结构、产业结构、地区结构、所有制结构等；第二大块是行业当中的人才结构，包括人才年龄结构、学历结构、职称结构、专业结构。吴中伦和陈万明（2009）还将国民生产总值构成比与人才构成比的比值作为衡量人才和谐度的指标以及人才结构与经济结构失衡指标，利用人才和谐度指标的数值来判断经济结构与人才结构的拟合程度。

王颖、李剑玲、唐少清（2018）分析、比较了京津冀地区的人才结构以及产业结构，将京津冀地区与长江三角洲地区、珠江三角洲地区做了对比分析。通过一系列的比较对比，发现北京、天津、河北等地区的人才资源在利用效率、流动效率等方面都存在着一定的问题，他们最终通过自己的研究，向政府等部门提出建议，要促进京津冀地区的协同发展。

2.2 关于人才队伍绩效分析的研究

2.2.1 绩效考评的研究

近年来，在绩效考评方面的研究越来越多。饶征和孙波（2003）指出关键绩效指标的设定思路主要有：第一，KPI 体系的创建，根据地位工作性质不同；第二，KPI 体系的建立，按照平衡计分卡；第三，KPI 的选择，根据标杆基准；第四，KPI 的选择，根据成功关键分析法；第五，KPI 的选择，根据策略目标分解法。苏钧（2007）认为，KPI 的设定一般可以分成明确企业的目标、确定员工个人的关键的工作内容、建立测评指标、确定测评标准和审查关键绩效指标五个步骤。有的学者也提出，确定 KPI 可以分为列出指标、挑选指标、设定权重和修改确定这四个步骤。邵金刚（2013）提出，KPI 的目标是能够确定业绩，改进业绩方法和工作环境，减少工作人员的限制，降低业绩管理成本，提高业绩管理效率，提高公司核心竞争力。林琳（2008）提出，工作资源的提供、控制感、可感知的组织支持（包括资源支持和精神支持）和业绩反馈可激励雇员更多参与。其中一些因素相互作用，例如，控制意识在多大程度上受到可用资源、组织支持意识的影响。姚岚（2009）在建立 KPI 模型时发现，KPI 评估以形式进行的原因之一是：没有得到组织高层的重视，员工在实施时没有得到组织的支持，没有目标控制感，导致对组织的不信任和积极性的降低。刘昕（2007）认为，人才考核和评价是人才管理和开发的关键环节之一。刘昕（2007）建议我们不仅要有正确的管理思想，而且还要有适当的方法和工具。周威（2009）认为我国大部分高等院校并未建立一个健全的人才考核体系，正因为如此，才导致各大高校缺乏对人才的激励。

2.2.2 绩效考核的影响以及影响因素

王定和牛奉高等（2011）为了对绩效考核这一概念进行全面的界定，探讨了 2003 年以来 7 年中的所有跟这一主题相关的大量文献，最终通过总结与归纳，对概念作出了自己的界定。Kerzner（2014）认为，以产出的结果为绩效，衡量绩效时操作性强，利于具体指标的明确。Marianne（2014）认为360 度绩效考核制度会对企业绩效带来消极影响。但是 Marianne（2014）却不支持抛弃这一制度，因此我们可以知道，任何绩效考核制度都有其优缺点。Gilman&Raby（2008）建立了一个企业要素的宽泛模型，这个模型可以促进企业绩效的实现。Kallio（2014）指出，国外高校老师绩效考核渐渐与薪资、晋升以及任教期限有关。Abramo 等（2014）指出，意大利高校没有"纯教学"岗位，教师必须完成教学和研究两方面的任务。王余（2015）指出，综合性强的考核模式更适应于机械行业，但是管理流程还需要完善，在各环节上要注重实用性。

2.2.3 人才管理

对于人才管理方面的研究，经济学之父亚当·斯密最早在《国富论》当中做了详细的阐述。亚当·斯密认为，人才是一种资本，当一个人的劳动熟练，从事的工作技能提高以后，就可以节约劳动的时间，提高生产的效率，由于社会效率的提高，全体社会的财富就会增加。马歇尔是剑桥学派的创始人之一，他曾经在自己的著作当中表示，"所有的投资中最有价值的是对人本身的投资"。

随后，著名的经济学家舒尔茨（1979）曾说，当今世界上一个国家国民经济增长的主要原因就是人力资本的不断提高，只有不断地对人才进行投资，人类的未来才会更加美好。舒尔茨（1979）利用"经济增长余数分析"的方法证明人力资本的投资对于经济增长的作用。

张再生（2012）提出了关于如何激励人才以及如何创新管理人才的观点。他认为，可以对工作当中公务员的职业发展状况进行合理有效的引导，这样就可以以最短的时间去发现基层公务员的兴趣所在以及需求所在；更进一步，还可以满足基层公务员的兴趣与需求，激发一般公务员对于工作的热忱，实现他们的个人价值和组织目标的统一。

张再生、李祥飞（2012）探讨了公共部门的人力资源管理。他们认为可以利用考试以及考核的方式选拔优秀的人才，优胜劣汰。这样一方面可以促进整个部门的绩效提高；另一方面也可以保证国家的行政工作的运行。

毛艾琳（2012）对人才管理进行过详细的研究。她认为，未来人才管理将是对人才管理进行清晰的界定并发展相关理论。当前的社会面临着各种各样的问题，同样的，在"高精尖缺"人才管理的领域之内也存在着诸多的挑战。毛艾琳（2012）主张运用访谈法、参考文献等诸多的方法来对当前人才领域的问题进行分析解决。

2.3 关于人才队伍多尺度动态分析的研究

2.3.1 高等学校"双一流"学科建设

周光礼（2011）主要研究了学科对于建设双一流学校的重要性，强调中国构建一流学校离不开学科的发展，而目前中国高等教育带有强烈的欧洲体系色彩，学科建设要以人为中心设计。田国强（2016）指出"双一流"学科中经济学的大方向应把握牢，关注国际问题是重心，中国的突出贡献主要表现在关于传统经济理论、关于现代思想价值理论体系。

周光礼（2016）探讨了当前热门的"双一流"的相关问题，阐述了一流学科与一流大学的关系，认为一流的学科是一流大学的基础，一流的学科是一流大学的细胞。周光礼（2016）还对"学科"的概念进行了阐述，"学科"包括知识体系与学术制度两个方面，提出世界一流学科的中国标准是要有学科性以及实践性。

周光礼、武建鑫（2016）利用了词频分析方法，通过研究认为，一流的学科要有一流的科研水平，能够诞生出一流的科研成果；有优秀渊博的老师可以进行一流的学科教学，并且有着一流的人才储备，能培养出一流的人才。这是从学科内涵的角度进行的概括。从外延上来讲，"学科"还应该能为当地的经济建设、文化建设、环境建设都做出一定的贡献。一流的学科建设，就要有一流的学科团队、一流的科研成果、一流的人才培养、一流的学校声望。

王鹏（2019）认为，一流学科建设的重点不应该仅仅放在学校的硬环境建设上，还要把注意力集中在学校的软环境建设上。只有建立一流的学科文化，才能促进一流学科的持续建设。作者认为，目前一流的学科在建设的过程当中存在学科精神的遮蔽化、学科门类的隔阂化、学科组织的科层化、学科评价的表浅化等文化困境。造成这些问题的原因是多方面的，作者对这些问题做出逐一的分析，最终提出了自己的建议。

刘小强、彭颖晖（2019）认为，在现实的社会生活当中，一流学科的建设一般会有政府、学校、学者三个主要的主体参与，由于这三个主体所在的立场不同，就必然会产生不同的导向。政府对于一流学科的建设有着政府服务的导向，学校对一流学科的建设有着高等学校排名的导向，主要关注学科成果。刘小强、彭颖晖（2019）在分析研究三者矛盾冲突的基础之上，最后提出政府、学校、学者必须要协调统一发展，才能建设好一流的学科。

2.3.2 影响"双一流"高等学校建设因素

王冀生（1994）研究指出，建设有中国特色的教育制度是建设双一流大学的制度保障。许多学者在政策的基础上进行了分析，方惠坚、范德清（2000）主要研究了建设一流大学的必要因素，包括校园环境、办学条件和师资队伍三个因素。樊明武（2003）主要研究了培养高水平人才，尤其是国际化的人才是双一流学校建设的主要目标这一问题，主张国际化的人才就要靠国际化的学校来培养，从而提高学生的综合素质和质量。而施小光、陈洪捷（2014）主要研究了如何构建高等教育体系这一问题，指出中国应该建立自己的高等教育体系，不要盲目照搬西方，应该合理借鉴。

2.3.3 各地区"双一流"高等学校建设

在"双一流"高校的探索中，党中央、国务院一直在积极地跟进政策，鼓励各个高校创建"一流学科"及"一流人才"。纽曼曾在他的著作《大学的理想》一书中研究了大学的主要任务应该是什么的问题，认为大学学习以教育为中心。蔡宗、吴朝平、杨慷慨（2016）研究表示，在贯彻落实"双一流"战略的大背景下，各个地方院校为其发展所采取的各项措施，为其超越发展提供了可能性和多样性，说明了地方院校走向卓越要经历的三个阶段，并为此向政府提出建议。褚照锋（2017）选取24个地方政府颁布的"双一流"的相关政策作为主要的研究对象，并且选取这些地方政府"双一流"政策颁布的时间、机构、文本名称和结构、规划时间和目标进行系统的对比分析，得出各个地区在"双一流"的建设上存在着较大的不同。各个地区都有自己的区域特点，每个地区要发挥自己的优势学科，进行资源的整合，选择自己适合的道路进行"双一流"的建设。

周倩、靳培培、崔来廷、刘俊仁（2018）探讨了经济相对落后地区的"双一流"建设的相关问题。作者以河南省为例，河南的经济水平与教育水平相对落后，像河南这种相对落后的地区，"双一流"建设有着如下短板：优质高等教育资源稀缺、居民受高等教育比重低、受高考招生政策影响大、高等教育投资严重不足。针对上述问题，作者经过分析后，最终提出了解决的途径。

2.4 关于人才与产业结构优化的研究

2.4.1 产业结构对人才的影响

有不少学者认为，产业结构优化升级对人才尤其是高级人才的影响也很重要。朱正亮（2007）认为，创新型人才对产业转型升级有积极作用，产业升级转型的核心在于高级人才的供给情况，从而加速产业转型弹性。韩飞（2014）认为，产业结构的调整在一定程度上也影响了人才的配置结构，由于每个地区的经济发展趋势不尽相同，对产业结构的调整也大不相同，从而对产业升级或调整所需要的人才结构也会发生变化。

2.4.2 高级人才

随着人才体制改革的深入推进，为了适应经济形势，国家逐渐提出了"高级人才"的要求，不少学者也对此做了深入的分析研究。于娜（2007）将产业部门中的高级人才分为四类，即科学型、工程型、技术型和技能型，并认为科学型人才是科学基础理论的开拓者和实践者，工程型人才是理论转化为实践的奠基者，技术型人才是人才层次中的中间层次，技能型人才是人才层次中的基础层次且人数众多。朱颖芝（2014）认为，我国的经济发展受资源束缚严重，国内生产主要以劳动密集型为主，而且企业不能很好地适应国际市场的发展，缺乏自主研发的创新能力和绝对的国际竞争优势，企业生产多数处于产业链中低端，很难实现企业高层次、高水平发展。因此，我国必须加快对高级人才的引进与培养，推动物质文明和精神文明并驾齐驱的发展，从而不断提高我国的综合国力。田青（2007）等学者提出，国内潜在高级人才培养不适应经济社会的发展现状，硕博毕业生缺乏创新精神和实际操作能力，同时应该加大对潜在"高精尖缺"人才的能力开发、拓宽专业口径、优化组合院校组织，为高级人才的发展提供合理开放的空间环境。

Maryna Boichenko（2016）通过比较英国、美国和加拿大高级人才实施管理规划的特点，发现加强对组织具有特殊价值的个人的系统性吸引、识别、发展、参与、保留和部署，或者考虑到他们对未来的"高潜力"，或者他们正在实现业务、操作关键角色，有助于国家留住并长期留住高级人才。Joanne W.Yun（2016）认为，随着中国现代化程度的不断提高，以及世界经济地位的提升，中国对高级人才的需求量很大，应积极引进海外高级人才。因此，高级人才的本土化就显得尤为重要，但中国高层管理人员和高层管理人员的本土化进程仍然非常缓慢，会受到国际视野、海外工作经验、语言和沟通技巧、领导能力等多重因素的影响。

2.4.3 人才与产业结构优化

郑兰先、孙成（2016）以湖北省为主要研究对象，首先分析了湖北省的产业结构现状以及当前湖北省高技能人才的基本情况，利用耦合理论等相关理论，构建了产业结构与人才结构耦合程度的评价指标体系。利用灰色关联模型与耦合度模型对湖北省的产业结构与高技能人才的配置状况进行相应的数理分析。经过一系列的分析得出，湖北省的相关单位对本省高技能人才的投资、储备以及激励促进了湖北省的产业结构升级。最终，为进一步促进湖北省产业结构与人才的配置提出相应的建议。

王亚杰（2017）对人力资源的相关概念进行了阐述，分析了人力资源、人口资源、人才资源之间的相互关系，认为人力资源具有如下几个特征：不可剥夺性、生物性、社会性、时效性、资本积累性、激发性、能动性、载体性。对廊坊地区的人才环境现状做了分析，对该地区人才环境的改善与产业结构升级做了理论分析。

2.5 关于人才引进风险测度的研究

2.5.1 引进人才的措施

Sahai shikha（2012）认为，日本在引进人才时极其注重招聘过程的公开透明，提供较高的薪金及其他福利待遇，并为引进的人才提供良好的平台，支持其研究与发展，助力"高精尖缺"人才进一步的研究及其自身发展，由此为组织带来收益。Sharma P C（2012）指出美国对于引进"高精尖缺"人才高度重视，对人才引进后的管理政策主要包括提高薪资福利标准，打造良好的学术研究氛围，建立健全资金雄厚的科研资助体系等。

谢玉洁（2014）提出，人才引进的风险包括引进难、留不住、用不好、缺乏科学有效的后续管理等，并提出了健全引才机制等12条对策。郝备（2013）提出了利用"人才引进绿色通道"来吸引"高精尖缺"人才。张丽霞（2014）提出，对于"高精尖缺"人才，组织需要充分意识到此类人才对于组织建设的关键作用，增加相对应平台的投入，提供具有吸引力的待遇及发展环境。赖进进（2017）以台湾人才引进作为研究案例，在对研究对象进行了深度访谈后，提出以政府为主导、以人才政策为指引，充分调动政府、用人单位及猎头机构多方的积极性，以此来提高人才引进的动力。张瀚（2017）对"高精尖缺"人才及其引进的特点等进行了分析，并借鉴国内外城市的高端人才引进工作的经验和启示，提出从"高精尖缺"人才规划、引进的软硬件环境及引才渠道等方面着手引进"高精尖缺"人才。

2.5.2 高等学校人才引进风险

李福华（2010）对高等学校人才引进的风险主要从两个角度展开了分析：一个是人才的引进政策；另一个是人力资本的投资风险。李福华（2010）首先对高校人才引进政策中的问题展开了分析，最终提出建议。

喻春红（2011）认为，高等学校中"高精尖缺"人才引进风险产生的原因主要是由于学校内部产生的。喻春红（2011）重点分析了高校可能会出现的一些问题，例如思想上急于求成、缺乏成本收益的分析、过于注重学术素质、"高精尖缺"人才在高等学校里流动处于无序的状态等等。

王叶菲、张鑫、王学春（2013）对目前高等学校当中的高校高端人才的个性特征进行了分析描述，认为高等学校不能够一味地追求高端人才，也要注意高校人才队伍的平衡，要注意高端人才与一般人才的协调发展。

范冬青（2014）认为，当前的市场中人才市场存在着缺陷，市场当中也存在着信息失灵等风险。在文章当中，作者对"高精尖缺"人才的引进风险做了详细的描述，分析了影响"高精尖缺"人才引进风险的因素，认为这些风险因素可以分为外部环境因素、资源因素、组织因素，外部因素包括市场的缺陷与信息失灵。最终针对高校的"高精尖缺"人才引进过程当中的风险给出了建议：主张大学要对"高精尖缺"人才引进的风险进行综合分析与识别、审视岗位招聘、制定层级风险管理模式、促进高校可以持续地发展。

范冬青（2015）在当前"高精尖缺"人才流失事件不断增多的情况之下，认为依赖高端人才进行学术活动产出的高等学校也面临着相当大的风险。针对高校人才流失等风险，作者在文章中具体地提出了基于情境—规制体系模型、基于过程—科研项目中人力风险管理模型、基于价值—利益相关者期望模型，并且提出了相应的建议。

宋野、刘红梅（2017）提出了高校的人才引进风险包括了人岗匹配度较低、人才投入产出失衡及人才流失等风险。指出高校应结合自身实际建立人力资源风险评估体系，完善风险评估机制，科学计算人才引进各类风险的发生概率和损失程度。

张丽娜、夏庆利（2016）提出了当前高校人力资源管理仍存在人岗非精准匹配、考核难以量化、人力资源规划与社会发展趋势结合不紧密、"高精尖

缺"人才流失频现、培训激励非定制化等问题，并指出了这与人事档案信息
利用不充分有密切关联，提出了基于数字化定量分析作为管理基础的对策。

2.5.3 人才风险管理

周悦、崔炜（2007）提出风险发生前的管控是整个风险管理的核心，主
动发现风险才能够在风险管理中占据有利位置。马云（2014）提出高校应该
利用风险监控来有针对性地观测组织中所存在的人事风险，并以此为基础来
进行风险管理。陈建安、陶雅、徐书山（2016）提出在当前复杂的时代经济
大环境下，人力资源管理创新的必要性，深度剖析了以企业为中心、以员工
为中心和以利益相关者为中心三种人力资源管理理念的优劣，并提出了集成
创新在人力资源管理中的可实施性。王伏义（2017）分析了核心人才流失的
风险防范措施，并在此基础上分析了如何对组织核心人才进行风险管理，包
括强化人才引进前的风险分析、完善组织人才管理系统及优化人力资源运作
机制等。

2.6 关于人才集聚的研究

2.6.1 人才集聚的因素

对于人才集聚的研究开始较早，许多的学者都对人才集聚做过研究，并
根据不同的标准对人才集聚做过划分分类。大体来说，根据集聚类型之间的
差异，可以将人才集聚划分为横向集聚与纵向集聚。根据集聚机理之间的差
异可以将人才集聚划分为因素结构分析与经济结构分析。

创新人才集聚对经济增长有促进作用。人才的集聚效应表现为三个层次：
首先是人口的集聚，相关研究从"人口红利"的角度进行探讨。Bloom 和
Williamson（1998）提出"人口红利"学说，认为劳动力人口比重的增加会
促进经济增长。我国的许多学者也对人才集聚做过相关的分析与研究。创新
人才集聚有利于知识的不断涌入、集中和流通（Romer, 1989），产生集体学
习效应，提升学习、问题解决及合作能力，最终形成创新效应（Edmondson,
2011），发挥出"1+1>2"的作用（杨明海等，2015）。比较著名的学者牛冲槐
（2006）曾经在研究当中对人才集聚的定义作出过阐述，他认为，众多有内在
联系的人才在一定时期内，按一定规律聚集到特定地区或行业的一种特殊人
才流动现象。另外，Faggian 等（2013）、牛冲槐等（2010）均实证了人才集
聚和研发人才集聚对经济增长有明显的促进作用。

在人才集聚对制造业转型升级起作用的过程中，产业结构调整和人才集聚还会共同作用于经济增长，产生人才集聚对经济增长的杠杆效应（廖诺等，2016）；最后是创新人才的集聚。创新是中国经济发展的新引擎和内生因素。创新人才集聚是创新驱动力的重要来源（陈昭锋，2016），创新人才集聚主要表现为科技研发人才的集聚。季小立和浦玉忠（2017）以江苏省制造业为对象进行研究，认为人才集聚对制造业转型升级有重要作用，具有驱动"制造＋服务"产业融合等新业态发展的效应。谢非和聂宇贤（2018）在对金融业的研究中，发现金融人才集聚对金融业发展具有显著的正向作用。田伟（2018）实证检验了中国的"人口红利"，证实了人口集聚是中国经济高速增长的重要因素。但近年来人口红利的作用逐渐消失，经济增长需要转变方式，从依靠"人口红利"转变为依靠"人才红利"；其次是人才的集聚。对人才集聚的研究主要来自于两个方面：一是某产业人才集聚对该产业发展的影响；二是人才集聚对经济增长的影响。

人才集聚行为是一个复杂的行为，诸多学者对影响人才集聚的因素进行了研究。李光红（2013）通过演化博弈发现影响人才集聚的三个关键因素，即机会成本、人才努力程度以及激励措施。王吉春（2015）将高端人才集聚分为萌芽、集聚、集群化三个阶段，分别分析各个阶段影响高端人才集聚驱动因素。孙美佳（2016）指出行政效率是影响"高精尖缺"人才集聚程度的关键因素，行政效率对"高精尖缺"人才集聚具有显著的正向影响，但行政效果的作用不显著。孙美佳、胡伟（2016）研究了地方政府的效能对于人才集聚的影响，构建了政府人才管理机构行政效能的测度量表，利用发放问卷等方式来收集数据，利用 SPSS 进行了因子分析与回归分析，最终得出政府的行政效能对"高精尖缺"人才的集聚有着重要的作用。政府的行政效率对"高精尖缺"人才的集聚有着非常重要的正向促进作用。

曹雄飞（2017）通过省际面板数据研究产业集聚对人才集聚的影响，发现东部比西部地区高科技产业人才集聚程度高，高技术产业发展好。王全纲、赵永乐（2017）认为高端人才的集聚对于高端产业的发展具有重要的作用。在文章当中，作者对人才集聚的原因做了分析总结，认为人才集聚的原因主要有人才政策、经济格局的变迁、社会综合环境、科技创新环境几个方面。作者选取人才的密度作为被解释变量，选取相关的执行变量构造了回归模型，对人才集聚的影响因素进行了定量的分析。

刘兵（2018）通过灰色关联与层次分析法研究发现人才集聚与区域经济发展正相关，前期较后期影响明显。苏楚、杜宽旗（2018）以江苏省为主要研究对象，作者利用了灰色关联的分析方法，测算出影响江苏省 R&d 人才集聚的因素，然后构建了空间的计量模型，最终作者认为影响江苏省 R&D 人才集聚的主要因素是社会保障与宜居的环境，这两个因素都对江苏省的 R&D 人才集聚起着重要的正向作用。

概括来说，本文经过研究后，将"高精尖缺"人才的集聚定义为，"高精尖缺"人才受一定因素的影响，按照一定的规律流向某一个行业或者某一个地区，从而形成人才聚类的现象。"高精尖缺"人才的流动也属于人才流动的一种形式，"高精尖缺"人才的流动可以促进"高精尖缺"人才自身价值的实现与升华，而且还可以促进"高精尖缺"人才流入地区的资源配置效率的提高，促进流入地区经济效益的提高。

2.6.2 系统动力学仿真模型与人才集聚

系统动力学模型（System Dynamic）由美国麻省理工学院 J.W.Forrester 教授于 20 世纪 50 年代中期创立。SD 能够从系统整体出发，在系统内部寻找相关影响因素。注重系统的动态变化与因果影响，是一种定性定量相结合的模拟方式，能够在不完全信息条件下分析求解复杂问题。与其他建模方法相比，系统动力学适用于处理长期性和周期性的问题，适用于研究数据不足的问题，适用于处理精度要求不高的复杂的社会经济问题，强调有条件预测，对预测未来提供新的手段。

李乃文（2012）采用系统动力学方法分析了产业发展过程中影响人才集聚的决定因素，从经济环境、教育环境、社会文化环境三个方面构建了系统动力学模型，进行了仿真，研究发现了不同产业阶段中人才集聚影响因素的重要程度，具有现实意义。卫洁（2013）运用系统动力学等方法构建出区域科技型人才聚集环境中知识转移与技术创新系统动力学模型，通过系统仿真和灵敏度分析，得出增进区域科技知识转移、促进技术创新及提升科技型人才聚集效应的部分建议并进行了实证研究。杨浩雄（2014）通过研究城市交通拥堵现状、原因、影响及其根源，利用系统动力学模型从城市居民出行和城市物流两个角度总结了现有解决交通拥堵问题的对策，并进行仿真分析提出对策建议。毛进（2016）运用系统动力学理论创建了学科教学（地理）专业研究生人才培养影响因素体系，然后模拟仿真找出该专业人才培养存在的问题，针对问题提出相关建议。文革（2016）等通过对高端"高精尖缺"人才开发效益系统动力学模型的反馈回路分析，认为高端"高精尖缺"人才开发要重视直接经济效益，需要将开发主体从政府转移到高新技术企业上等以实现可持续地高端"高精尖缺"人才开发。李天博等（2017）将演化博弈与系统动力学相结合，对企业并购文化整合进行了研究。刘伟等（2018）利用演化博弈模型对金融监管机构、网络借贷平台以及投资主体三方行为策略进行了演化分析。

2.7 "高精尖缺"人才投入产出

许多学者基于投入产出角度，利用 DEA 研究人才相关问题。Banker R D，Kauffman R J，Morey R C（1990）运用了数据包络的方法，在复杂的管理环境下，研究了信息技术和信息技术人员的投入产出效率，并对提高效率提出了建议。Sohn（2004）等人利用了数据包络分析（DEA）和决策树（DT）的方法，对商业银行的人才投入产出效率进行了分析，并针对其中的问题提出了意见。Guan Jiancheng，Wang Junxia（2004）利用改进的 DEA 模型，对 PR 中国情报学领域研究小组进行了效率评价，利用文章产出量和文章的被引次数，科学地评价小组团队的研究效率。Greiner，Gong&Gong（2006）在课题研究中也采用数据包络的分析方法，先通过解释物质资本、科技等指标，又基于人力资本展开深入研究，改进方程，得出结论。Natali Hritonenko（2008）建立科技最优投资模型，利用 DEA 测算公司投资的投入与产出的效率，进行评价，并且提出要大力加强对科技人力资本的投资。江岩、张体勤（2011）利用 DEA 的方法研究了山东省泰山学者建设工程。杨晓慧等（2015）通过对中国教育体系的研究来探析创新型人才培养的投入与产出指标体系，并且将创新型人才培养的投入产出指标体系定位在高校教育的运行体系中，这是对人才素养的创新，也是对未来教育的展望。谢维和等（2015）从创新型人才培养的心理出发，以创新型人才的思想道德素质、科学文化素养、健全的人格体魄和应变能力素养等四个指标为依据，深刻了解创新型人才培养的投入产出指标是对目前研究创新型人才培养的首要条件和重要认识。陈思等（2016）通过实验证明了创新型人才培养体系是高校科研建设和课程设置面临的重要问题。创新型人才培养的投入产出指标中，培养方式的优化、课程实践的提升、教学方法的转化是创新型人才培养的三盏明灯，对提高和丰富创新型的创新性有着不可小觑的意义。刘兵、曾建丽、梁林、李媛、李青（2018）通过 DEA 模型测算了我国 2010~2015 年各个省份科技人才的资源配置效率。王宁、徐友真、杨文才（2018）将因子分析的方法与数据包络方法相结合，测算了河南省科技人才政策的实施效果。

2.8 文献评述

当前经济的发展对于"高精尖缺"人才的需要越来越迫切，各个地方为了自己的发展采取各种措施进行"高精尖缺"人才的引进，所以不管是国内还是国外，对于"高精尖缺"人才的研究还是比较多的。

对于"高精尖缺"人才队伍建设政策方面的研究，许多的学者从"高精尖缺"人才队伍引进的政策计划等方面出发进行相关的研究。由于经济的发展形势与社会的需求在不断变化，具体的研究需求也在不停地变化。对于"高精尖缺"人才引进政策的研究，都有学者在国家层面和地方的层面上进行过解读，对各个省份政府政策、高校政策进行解读比较。现阶段的研究取得了一定的成果，但是大多数学者的研究角度缺乏创新，研究的方法也比较单一，研究的模式比较趋同，很少会有学者从政策的文本内容出发，联系实际，展开深入的研究。

对于"高精尖缺"人才队伍建设现状、建设过程中的相关问题的研究，许多学者都对不同地区的"高精尖缺"人才的数据进行过整合处理，利用比较分析等方法进行过对比。许多学者都认为，现阶段国内的大部分地区对于"高精尖缺"人才的队伍建设都比较重视，对于人才的引进主要是加大经费的投入，改善本地区的科研氛围，吸引人才。在进行"高精尖缺"人才队伍建设与经济增长的研究时，大多数学者从两方面展开分析：一方面，将实际联系相关的理论，例如推拉理论、需求理论等等；另一方面，建立数理统计模型研究相关的问题，例如利用生产函数、投入产出的分析方法、建立系统动力模型等。学者们从多个角度展开"高精尖缺"人才的研究，例如研究人才对于经济的影响、人才管理、人才绩效等。从定性与定量的角度分别展开分析，取得了一定的成果。

对于"高精尖缺"人才队伍建设的建议以及对策方面的研究，大多数学者都提出了自己的看法，基本都要从两方面入手：一方面，要改变软环境，形成尊重科学、尊重人才的氛围，有良好的科研环境，管理优化，人才引进的模式机制创新等；另一方面，要加强硬环境的建设，加大资金的投入。总体而言，我国各地区的人才引进已经取得良好的效果，但现实是在不断变化当中的，新的问题会不断地出现，也就需要不同的解决办法。

第三章 理论基础

对于人力资本的概念定义，不同的学者有着各自的叙述。经济学之父亚当·斯密是第一个对人力资本作出解释说明的人，他认为国家所有居民获得的能力的总和是人力资本，并且这是生产过程中重要的资本组成部分。亚当·斯密在《国富论》当中，将劳动者的才能作为资本存量的组成部分。[①] 后来，费雪的研究将人力资本与经济增长联系起来，阐述了两者之间的关系。英国经济学家马歇尔则重点研究了人力资本投资的长远意义，以及在人力资本投资中，家庭所起到的作用。大约到了 20 世纪 60 年代，舒尔茨对人力资本作下定义，舒尔茨认为"人力资本是凝集在劳动者身上的知识和技能及其所表现出的生产力"，[②] 人力资本的载体是劳动者的自身，人力资本的积累在于劳动者通过后天的努力积累获得。他的一个著名的观点认为，"经济发展主要取决于人的质量，而不是自然资源的丰瘠或资本存量的多寡"。[③] 他认为，资本的概念应该包括人力资本的概念才算完整。另外，增加对于人力资本的投资就可以提高劳动者的技能，进而提高劳动者的生产效率以及经济效率。对于人力资本的形成，按照舒尔茨的观点，可以有五个重要途径：第一，卫生保健设施和服务，这些包括所有影响人均预期寿命和人体体力、脑力、耐久力和活力的设施以及服务；第二，在职培训，企业组织的传统的学徒式教育；第三，正规的初等、中等、高等教育；第四，非企业组织的成人在职教育，包括农村的一些推广项目；第五，为适应不断变化的就业机会而进行的个人以及家庭的转移。

20 世纪 60 年代，贝克尔对人力资本的研究进一步发展，他认为人力资本是劳动者后天获得的知识、技能等能力，也包含健康、寿命等劳动者本身所具有的生命相关的特质。[④] 贝克尔在舒尔茨研究的基础上，分析了收入与人力资本的关系。总起来说，国内外研究者对于人力资本都给出很多不同的叙

---

① 亚当·斯密. 国富论：国民财富的性质和起因的研究 [M]. 中南大学出版社，2003.
② 张再生. 职业生涯规划 [M]. 天津大学出版社，2007.
③ 张再生. 职业生涯规划 [M]. 天津大学出版社，2007.
④ 毛艾琳. 人力资源管理研究的新视角：人才管理 [J]. 社会科学管理与评论，2012（4）:56-61.

述，各有各的特点，但就大多数学者来说，一般都可以认为人力资本是体现在人身上的技能以及生产知识的存量。

3.1 人力资本的相关理论

学者们在研究人力资本时，大部分都是基于不同的时间段进行的，由此可以得出不同的认知结论，通过阅读大量文献，对于人力资本的研究基本上可以划分为三个阶段，分别是早期人力资本理论、现代人力资本理论、当代人力资本理论。

3.1.1 早期人力资本理论

关于人力资本的概念以及思想，许多学者都或多或少地提及过。人力资本的思想可以说主要来源于古典政治经济学。亚当·斯密对人力资本的概念进行了初步的探索，也是对人力资本研究的关键人物之一。他的主要代表作品是《国富论》，其中写道：学习是一种才能，须受教育、须进学校、须做学徒，所费不少，这样费去的资本，好像已经实现并且固定在学习者的身上。这些才能，对于他个人自然是财产的一部分，对于他所属的社会，也是财产的一部分。他认为，劳动是财富的源泉，劳动生产力对于财富的创造具有重要的作用；人们天生的能力并没有非常大的差异，由于人们在后天的知识积累以及技能提高中产生了差异，所以人们会创造出不同的财富，并且形成财富的差距。个人追求自身利益的最大化，可以进行自己的人力资本投资。同时，他还建议国家"推动、鼓励，甚至强制全体国民接受最基本的教育"。[①]

约翰·穆勒进行了自己的研究，他在《政治经济学原理》中详细研究了财富的性质以及生产和分配的规律，认为财富就是"一切具有交换价值的有用的或合意的物品"。他还提出，"教育、培训与医疗的投资能够提升人力资本，人力资本对于组成一国财富不可或缺，而知识和技能在较大程度上决定劳动者的产出能力"。[②] 这和亚当·斯密的观点比较接近，投资人力资本与投资物质资本在某种意义上是等价的。

马歇尔对人力资本的研究核心是劳动者的个人素质，其中劳动者的素质包括劳动者的身体素质、精神素质和道德素质。在这三种素质中，精神因素尤为重要。就环境来说，学校、家庭、社会对劳动者素质的提高也发挥着重

---

① 亚当·斯密. 国富论：国民财富的性质和起因的研究 [M]. 中南大学出版社，2003.
② 周光礼. 把握契机探索拔尖人才培养新途径 [J]. 中国高等教育，2011（01）:28-30.

要的作用。他在著作《经济学原理》中提出,人力资本比物质资本更加重要。[①]并且创造性地把人力资本区分成为一般的人力资本和特殊的人力资本,这就为以后的学者们对一般与特殊人力资本的研究奠定了理论基础。

早期人力资本理论都认为人力资本的提高,主要依赖于教育,物质资本与人力资本都是推动经济增长的重要动力,但如果细分的话,人力资本因素则是最能够保证经济平稳持续发展的因素。

3.1.2 现代人力资本理论

西奥多·W·舒尔茨是历史上最早论述并且定义人力资本概念的人。他认为资本可以由物质资本和人力资本两种类型构成。[②]他对于人力资本的形成途径作了详细的描述,人力资本的形成可以由卫生保健设施和服务,在职培训,正规的初等、中等、高等教育,非企业组织的成人在职教育来形成并且提高。另外,舒尔茨对于人力资本的研究主要侧重于宏观层面,突出并且强调了教育在人力资本提高中的作用,对人力资本的研究多为定性分析,缺少定量分析。

加里·S·贝克尔的研究则弥补了舒尔茨的不足。与舒尔茨相比,他沿用了舒尔茨关于人力资本的概念,主要研究了微观层面的人力资本。他的主要著作是《人力资本》,这本书被称为"经济思想中人力资本投资革命"的起点。[③]他在此著作中分析研究了教育的成本与收益,人力资本投资与个人收入分配的问题,解释并说明了劳动者工资之间的差异。

爱德华·F·丹尼森则主要通过建立数学模型,利用计量经济学的方法,对人力资本要素的作用进行分析。他最成功成果是,利用一系列精准的计算,分析了正规教育对于人力资本的提高以及经济增长的作用。他认为,劳动者的受教育年限与劳动者的工资收入、劳动者的生产力是成正比的。[④]就经济增长的因素来说,知识进步与劳动者的受教育年限显得尤为重要。

现代人力资本理论的研究,突出强调了教育对于人力资本投资的重要作用,人力资本投资对于经济增长以及国民经济的平稳运行具有极其重要的作用。这过于强调教育的重要作用,而忽视了其他因素对于人力资本积累提高的影响,显得较为片面。

① 刘理辉. 当前我国产业人力资本需求侧的新特点 [J]. 发展研究,2017,(8):86-90.
② 孔德议,张向前. 我国"十三五"期间适应创新驱动的科技人才激励机制研究 [J]. 科技管理研究,2015,(11):46-56.
③ 孙寅生. 构建基于创新驱动发展的人才机制 [J]. 河南工程学院学报(社会科学版),2017,32(04):26-31.
④ 周光礼,武建鑫. 什么是世界一流学科 [J]. 中国高教研究,2016(01):65-73.

3.1.3 当代人力资本理论

随着人力资本理论与经济增长理论的发展，人力资本被认为是财富创造的源泉，人力资本理论被广泛地运用到经济增长的理论当中。经济学家们对于人力资本的研究从定性阶段转向定量阶段，通过建立数学模型以及搜集相关数据，对人力资本进行深入研究。索洛（R.W.solow）最早提出了生产函数模型，将技术进步、人力资本、物质资本纳入到同一个计量经济模型当中，从数理模型角度阐述了人力资本对于经济增长的贡献。他在 1956 年发表了《对经济增长理论的贡献》，随后许多学者提出了一些以人力资本为基础的经济增长模型。[①]罗默（1986）建立了收益递增的增长模型，认为专业化的人力资本与特殊的知识是经济增长的主要因素，它们可以形成递增的收益，并且资本与劳动等要素投入在其影响下也可以产生递增的收益，从而促进了经济增长的长期稳定性。[②]卢卡斯（1988）则借鉴了舒尔茨与贝克尔关于人力资本的概念，利用罗默提出的技术进步理论，建立起专业化的人力资本积累的经济增长模型，证明了人力资本的增长率与人力资本在生产过程的投入产出率、社会平均的和私人的人力资本在最终产品生产中的边际产出率呈正相关，与时间贴现率呈负相关。[③]人力资本的积累是经济增长理论的重要因素，甚至是决定性因素。

当代人力资本理论的研究不是非常系统的，但大多数学者都认为人力资本理论对于经济的增长具有极其重要的作用，人力资本会产生外部性，对经济各方面产生影响。同时，它也会弥补物质资本的收益不断降低，因此要大力投资人力资本，推动经济增长的平稳运行以及发展。

3.2 人才的相关概念

在经济社会发展过程中，首要资源即为人才。《辞海》将人才解释为：德才兼备的人，有某种特长的人。关于"人才"的概念，至今没有一个统一规范的界定。《现代汉语词典》中定义"人才"为"德才兼备的人""有某种特长的人"。通过查阅文献发现，学者们对于"何为人才"给出了大同小异的答案，可总结归纳为：人才是在某一行业领域中具有专门技能或专业知识，并为人类社会的发展做出了创造性劳动贡献的人。由此可以推论人才是那些在

① 刘小强，彭颖晖 . 一流学科建设的三种导向：价值的冲突与统一 [J]. 研究生教育研究，2019（01）：64-68.

② 涂文涛，方行明 . 知识经济的人才战略 [M]. 北京：中国时代经济出版社，2003.

③ 邱敏 . 绩效考核目的对员工主动行为与创新绩效的影响机理研究 [D]. 华中科技大学，2016.

行业领域内能力和所创造的价值都高于普通水平的人，他们不论是知识水平还是技能水平都比同一历史时期的普通人要高，且他们的劳动具有一定创造性，并利用自身的特长为行业的发展贡献力量，甚至对社会的进步产生较大影响。总之，人才需要具备三个要素，即高水平的专业能力、创造性劳动和做出相应的贡献。从人才概念的发展看，人才定义经历了一个内涵不断丰富、外延不断扩展的过程。在各个不同阶段，从事人才学研究的专家学者，对人才概念做出了各自界定，使人才概念逐步得到丰富和发展，这些都为科学人才观的提出准备了必要条件。

结合我国历史来看，在不同时期对于人才的定义也各不相同。早先时期，人才概念并未被提出，当时我国使用的说法是"知识分子"。20 世纪 30 年代末，毛泽东进行了《大量吸收知识分子》的起草，这也是党中央颁布的第一个知识分析选拔文件，在旧中国，引起了巨大轰动和影响。1980 年，邓小平同志提出"尊重知识、尊重人才"的思想，直到此时，社会上才开始出现人才的概念与认定，却多和知识分子概念相关。此后不久，国务院在对长远规划工作安排通知进行批阅之时，首次对"专门人才"进行了界定，认为中专及以上学历者、技术人员，或是相当于技术人员职称者，指的就是专门人才。然而，人才属于极其宽泛的大概念，专业人才仅是其构成部分之一，以是否具备职称，或是学历的标准判定人才，在概念上有所局限，并不合理。进入21 世纪后，中国开了人才工作会议，基于过往人才定义的总结之上，首次利用中央文件形式，表述了人才的概念和内容，能够从事创作性劳动，以此推动社会物质文明、精神文明以及政治文明建设的贡献者，即为人才。此界定标志着对传统人才概念的突破，在科学人才观上有所体现，就人才发展而言，具有重大意义和价值，且获取到了社会各界的普遍认同和接受。

对人才相关理论的探讨比较多，最早在 1982 年，我国提出了"人才"的概念。由于当时经济发展水平比较低，教育的发展水平也比较低，所以就将人才定义成了"学历在中专及以上，或专业技术职称在技术员及以上的人员"。直到 2003 年，在《中共中央、国务院关于进一步加强人才工作的决定》中，给出了关于人才的最新定义：掌握一定的知识或技能、可以开展创造性劳动，能为中国特色社会主义建设添砖加瓦的人，都属于人才的范畴。这个定义相比于以往的定义具有较为明显的进步意义，这个定义丰富了人才的内涵，强调突出人才可以为祖国和人民做出积极的贡献，能为我国的社会主义建设做出积极的贡献。人才定义在人才工作实践和理论研究的过程中不断深化，从简单到逐渐完善，从具体到逐渐抽象，从机械到逐渐灵活，不断地靠近人才的本质。但同时，也发现一些尚存争议的疑难问题，有待进一步研究解决。

人才是指具有一定的专业知识或专门技能，进行创造性劳动并对社会做出贡献的人，是人力资源中能力和素质较高的劳动者。2010 年 9 月 10 日国务院新闻办公室发表的《＜中国的人力资源状况＞白皮书》，把人才队伍分为党政人才、企业经营管理人才、专业技术人才、高技能人才、农村实用人才和社会工作人才等。《国家中长期人才发展规划纲要（2010—2020）》（以下简称《规划纲要》）明确指出："人才是指具有一定的专业知识或专门技能，进行创造性劳动并对社会做出贡献的人，是人力资源中能力和素质较高的劳动者。人才是我国经济社会发展的第一资源。"

在国外学者的研究中，对人才的定义也莫衷一是。跟国内关于人才的定义思路不同，国外学者大多采用各种素质模型来界定人才。《人力资本管理的趋势》一文用"人才 DNA（Talent DNA）"模型来界定了人才，对于组织的人才，必须实现三个要素的合理匹配，即组织所需要的素质模型（Capabilities model）、个人所拥有的能力或素质（People）、组织中的职位（Role）。文章认为，组织应该采用自身成熟的能力或素质模型，结合组织中各个职位的特点，根据员工自身的特点和能力对"人、事、位"实现完美匹配。简单来说，能够"在其岗"有效"谋其职"的人就是组织中的人才。

2007 年英国特许人事发展协会（CIPD）在调查报告中提出，对"人才"的定义应充分考虑以下因素：在特定的组织框架下，与行业类型和行业特点密切相关，动态的，很可能随着组织变化而变化。John D. Heidke 在美国培训与发展协会（American Society for Training & Development）举办的 GTAC-ASTD（2006）会议上发表的《有效人才管理的平台建设》演说中指出，人才管理是一个动态持续地鉴别、评估过程，并把员工培养成为未来组织内的关键角色，以便保证组织持续有效地运行。

总体而言，对人才定义概念的概括是一个动态的变化发展过程，人才的概念随着时代、地区的变化而变化，对人才的评价标准也是在不停地运动与变化当中。

3.3 "高精尖缺"人才的定义

许多学者对"高精尖缺"人才的定义以及范围已经有过许许多多的研究。有的学者认为，"高精尖缺"人才比一般性的人才要更加优秀，如果把整个社会的人才按照质量组成一个金字塔，那么"高精尖缺"人才就是处于金字塔顶端位置的精英。这些位于社会金字塔顶端的精英在社会多个领域，例如科技、教育、商业、政治等方面，凭借着自己超出一般常人的更高水平的知识与技能，创造着劳动的价值，由此更有力地推动了社会的进步。这些人得到整个社会普遍的认同，在各个社会岗位上都是精英。

从经济学上的角度来看，"高精尖缺"人才的工作效率要更高于一般的劳动者，在单位的劳动时间内创造的价值比普通劳动者要高，更可以节约时间的成本。

对"高精尖缺"人才的定义也有较为通俗的说法，这种说法认为，"高精尖缺"人才包括有过留学经历的人才以及海外的科技专家。有过留学经历的"高精尖缺"人才可以自费出国留学，也可以由公派出国留学，在海外学成后在取得了显著的成绩，这些人才所研究或者所擅长的领域是国内目前所急需的。"高精尖缺"人才的身份要由中华人民共和国人力资源和社会保障部、中华人民共和国教育部或者其授权的部门明确认定。

山东省也建立了"高精尖缺"人才库，对于符合相应条件的都可以申请进入"高精尖缺"的人才库。

表 3-1 山东省"高精尖缺"的人才库类别表

1	中国科学院院士、中国工程院院士
2	教育部"长江学者奖励计划"特聘教授、讲座教授
3	国家百千万人才工程（第一、二层次）入选者、新世纪百千万人才工程国家级人选
4	国家有突出贡献的中青年专家
5	国家杰出青年基金获得者
6	享受国务院政府特殊津贴人员
7	泰山学者特聘教授
8	山东省有突出贡献的中青年专家
9	国家最高科学技术奖获得者
10	国家自然科学奖、国家技术发明奖、国家科技进步奖（一等奖前3名，二等奖前2名）或中国青年科技奖获得者
11	省科学技术最高奖获得者
12	获省自然科学、省技术发明、省科技进步一等奖（前2名）
13	在自然科学研究领域取得创造性研究成果，使本学科达到国际先进水平或得到国内同行公认的学术带头人；国家"863"计划、"973"计划、国家科技攻关计划和国家自然科学基金重点项目的首席科学家或项目前3名负责人；在《自然》《科学》等国际权威学术刊物上以通讯作者或第一作者发表1篇以上，或在国内外其他专业领域权威学术刊物上发表5篇以上学术论文（被SCI等科学引文检索收录，引用率较高）；山东省科技重大专项或自然科学杰出青年基金项目负责人
14	长期在农业、水利、环保、交通、电力、冶金、化工、机械、建筑、勘探、矿业等工程技术行业工作，在主持承担的国家和省级重点工程建设中，有重大发明创造或技术革新，解决了重大理论和关键性技术难题，取得重大经济效益和社会效益，为山东省技术创新做出重要贡献的工程技术人才；获本行业领域国家级最高奖项（一等奖前3名，二等奖前2名）

15	在哲学和社会科学领域，提出具有创造性的理论和学术观点，研究成果达到国内先进水平，是相关专业领域具有重要影响的学术带头人；国家社科基金重大项目前2名负责人；获得国家社会科学优秀成果奖（一等奖前2名，二等奖第1名）、省级社会科学优秀成果奖（重大成果奖，一等奖第1名）；全国宣传文化系统"四个一批"人才工程培养对象；其他国家或省级重要社科奖获得者
16	长期在教学一线工作，教书育人成绩显著，为学科建设、人才培养做出了突出贡献，其教育思想、教学理论、教学方法和管理经验在全国或全省推广，在同行中享有较高声誉，获得国家优秀教学成果奖（一等奖前2名，二等奖第1名或国家教学名师奖）、省优秀教学成果奖（一等奖第1名）
17	在医疗卫生领域，技术精湛，诊治疑难危重病症或处理公共卫生事件的能力得到广泛认可，对卫生事业发展做出突出贡献，在国内外享有较高声誉，获得国家或省级相关领域重要奖项和荣誉称号
18	在信息、金融、财会、外贸、法律、翻译等领域，有突出业务成果和重要贡献，对推动专业领域的发展有重大影响，获得国家或省级相关领域重要奖项，并为国内外同行公认
19	在文化艺术、新闻出版、体育等领域，做出突出贡献，获得相关专业领域国家或省重要奖项的作家、艺术家、记者、编辑、主持人、出版家、文物和博物馆等方面的专家，国家级非物质文化遗产传承人，以及直接执训运动员在世界级赛事中获得银牌以上奖牌、在亚洲级赛事中获得金牌的教练员
20	在企业经营管理工作中，创造出国内同行公认的现代经营管理经验，取得显著的经济和社会效益，在国内同行业位居领先地位，获得国家级或省级重要荣誉称号的企业经营管理人才
21	具有精湛的操作技能，解决了关键技术和工艺操作难题，产生了显著的经济效益和社会效益，在国内本职业（工种）中具有较大影响，获得国家级或省级重要荣誉称号的高技能人才
22	在农业科技成果开发、转化、技术推广服务、农村产业结构调整等方面做出优异成绩，为推动农业科技进步和农村经济发展做出重大贡献，在山东省内外产生重大影响，取得显著经济效益或社会效益的农业专家和优秀农村实用人才
23	在社会服务和管理以及社会工作教育和研究领域，具有良好的思想道德素质和完备的社会工作专业知识与技能，为社会建设做出重要贡献，在山东省内外具有较大影响和较高声誉的社会工作人才
24	在其他专业领域或行业做出突出贡献，达到上述水平的人选

　　"高精尖缺"人才相比于一般的劳动者有着更加优质的独有的价值，在推动经济进一步增长，促进产业结构进一步升级，经济结构转型等方面有着重要的优势，因此，各个地区的政府都更想引进"高精尖缺"人才。现实的情况是，各个地区的经济发展模式、产业结构、文化观念、政策都不同，因此各个地区所想要引进的"高精尖缺"人才对象的类型或者说是范围，也有较

大的差别。就拿国家的层面来说，我国目前是工业大国，要向工业强国转变，为了以后的发展，国家就比较倾向于引进能够推动高新技术产业发展，掌握着世界尖端的科学技术，有着广阔视野（有过国外的学习经历）的"高精尖缺"人才。但是就山东省来说，地方政府更加倾向于引进符合本省产业经济发展模式的人才，并且这类人才可以很好地将自己的科研成果与企业生产相对接，把自己的科研成果有效地转化为经济效益。

3.4 "高精尖缺"人才引进理论

对于"高精尖缺"人才引进理论的相关研究较多，本文仅就人才流动理论、人才激励理论展开详细的分析。

3.4.1 人才流动理论

人才流动的根本原因主要在于社会生产力的发展，社会生产力的发展是推动人才流动的主要动力。"高精尖缺"人才都倾向于从落后地区向发达地区流动转移。对于人才流动理论，本文主要从劳动迁移理论与需要层次理论展开论述。

（一）劳动迁移理论

对于人力资本理论与劳动迁移理论研究较为权威的有西奥多·舒尔茨，舒尔茨在劳动迁移理论当中，把人才资源的流动作为一种相对性的流动，把参照物作为人力资源的载体。人才的流动会对各方产生不同的影响，会给人力资源的载体以及流入流出的单位分别带来积极或消极的作用。人才的流出，会给流出单位带来损失，阻碍该单位的发展。人才的流入，会给流入单位带来相应的效益，促进该单位的发展。

（二）ERG 理论

马斯洛最早提出了需要层次理论，美国耶鲁大学经济学家克雷顿·奥尔德福在其研究的基础上进一步进行接近现实的深入实验，提出了 ERG 理论。ERG 理论属于新的人本主义理论。克雷顿·奥尔德福（1969）在《人类需要新理论的经验测试》一文中指出，人们的需要可以分为三种。分别为生存需要、相互关系的需要、成长发展的需要，按照每个需要的首个英文字母大写，即可写为 ERG 理论。

（1）生存需要

与人的衣食住行等相关的生理和安全需要，关系到人的生存与存在，人的生存与存在的需要一般与社会物质需要有主要的关系。ERG 理论是在马斯洛研究的基础上提出的，追溯到马斯洛的研究当中，人的生存需要实际上是马斯洛研究当中提到的前两个需求。

（2）相互关系的需要

在日常的工作与生活当中，人们需要保持一定的重要的人际关系，人们对于这种重要关系保持的需要就叫作相互关系的需要。这实际上是一种社会与地位需要的满足，这是在和其他的需要相互作用中达成的。再次追溯到马斯洛提出的需要层次理论当中去，可以发现相互关系的需要恰恰是和马斯洛提出的社会需要与自尊需要所分类别的外在部分相互对应。

（3）成长发展的需要

在 ERG 理论当中，克雷顿·奥尔德福单独把成长发展的需要独立了出来，成长发展的需要是在表示一个人谋求发展的内在的愿望。追溯到马斯洛提出的需求层次理论当中去，可以发现成长发展的需要与马斯洛提出的自尊需要分类中的内在部分和自我实现层次中的某些特征相符。详细来看就是自我发展与自我完善的需要，这与马斯洛理论中的第四与第五层次的需求理论相符。

马斯洛在研究当中提出了五种人的需要层次理论，奥尔德福则提出了三种人的需要理论，后者是对前者的概括。相比于马斯洛的需要层次理论，ERG 理论还有的不同之处就是在同一时间之内人们可能不仅仅只有一种需要在起作用，另外如果对于较高层次的需要满足受到了抑制，那么人们对于较低层次的需要的渴望往往会变得越加强烈。

联系"高精尖缺"人才的流动，当"高精尖缺"人才的需要在一个地方不能够得到相应的满足，而到了另一个地方可以就得到满足时，"高精尖缺"人才就会发生地域上的流动。简而言之，"高精尖缺"人才的流动就是对于一种需要不断被满足的追求。

另外，ERG 理论还有三种原则：一是需要并存原则区别于马斯洛提出的人的需要分层次，人的低需求层次满足后会追求高层次的需求原则，认为人的较低层次的需求满足后有两种趋势，要么保持现有的状况不变，要么进一步追求更高层次的需求；二是为需要降级原则，这个原则认为，人们在追求更高层次的需求的时候，由于受到挫折挫败，就会降低需求的层次，转而求其次；三是人们在根据自己的实际情况追求并且实现需要后，其对此需要的渴望的强烈程度不会减弱，这与马斯洛的观点有较大出入，相反，强烈程度会增强。

3.4.2 人才激励理论

对人才激励的主要目的是，激发人才工作的积极性，调动个人工作的主动性与创造性，提高个人的工作效率。关于人才的激励理论主要有马斯洛的需求层次理论、斯金纳的强化理论、麦格雷戈的 X、Y 理论、赫兹伯格的激励保健因素理论、期望理论、公平理论。

马斯洛的需求层次理论将人的需要从低到高划分为几个层次，分别为生理需要、安全需要、归属和爱的需要、自我实现的需要。人们会按照需要层次的顺序，先追求低层次的需要，当低层次的需要得到满足时，再追求高层次的需要。当其中一个层次的需要得到满足的时候，这个层次需要的激励作用便失去了作用。这就充分说明，对人才进行激励的时候，要根据实际情况，对不同人才处于不同的需要阶段采取不同的激励方式。激励的方式要不断地变化，不能够一成不变，要多多了解管理的人才，充分知晓他们的实际情况。

斯金纳提出了强化理论，这是过程性的激励理论之一。强化理论认为人的行为与其所获得刺激可以看成是函数关系。当这种刺激对于人有好处，这种行为就会不断重复出现。当这种刺激对于人有坏处，这种行为就会不断地减弱一直到消失为止。具体的强化方式可以分成四种方式：正强化、负强化、惩罚、忽视。正强化是为了奖励人的积极的行为，促进这些行为的进一步出现、进一步强化，进而促进目标的达成与实现。负强化则是在事情发生之前对其进行预防与规避，用一般的习语可以说成是"杀鸡吓猴"。惩罚是当人做了不利于目标实现的事情，为了约束这些不好的行为不再发生，使得不希望的行为逐渐地变弱直至消失。忽视就是对于已经发生的不好的行为不予理睬，这种行为会自动地消失。

麦格雷戈的 X，Y 理论在 1960 年《企业中人的方面》中提出，X，Y 理论是基于完全相反假设的一种理论。X 理论认为工作当中的人是消极的，Y 理论则认为工作当中的人是积极的。X 理论的主要观点是，大多数人是天生懒惰的，没有理想，没有抱负，不负责任，要对大多数人采取强迫的命令，软硬兼施。Y 理论与 X 理论的看法正好相反，Y 理论认为，大多数人都是愿意工作并且对工作愿意负责，对于工作不是天生的厌恶。为了提高工作的效率，提高生产的效率，要通过不断地满足职工自我实现、受人尊重、被别人爱的需要，来达到个人与组织的目标相吻合。

赫兹伯格的激励保健因素理论又被人称为双因素理论，这个理论在马斯洛需求理论的基础上进一步发展，将马斯洛的需求理论进一步量化了。它的主要观点是，用保健因素来使得员工的生理与安全的需要得到满足，利用激励因素使得员工的社交、尊重、自我实现的需要得到满足。保健因素主要是一些外在的因素，包括公司企业的工作环境条件、人际关系、政策管理等，这一系列的因素可能包括工作的消极因素，也可能和工作的氛围状况有关。相比保健因素，激励因素是内在的，这些激励的因素包括员工对工作的认可，与自身的工作成就、工作的责任有关系，这些因素涉及员工对于工作的积极的感情，也和工作本身的内容有关系。

期望理论又叫作"效价—手段—期望理论"，这个理论的观点可以用一个公式来表示：激动个人的以往经验来进行判断是否可以达成目标的有把握的程度，效价则表示个人所可以达到的目的对于能够迎合个人所需的价值。总起来说，一个人对目标的把握程度如果越大，对能够达到目标的激励力量 = 期望值 × 效价，激动的力量可以用来表示调动的个人的工作积极性，期望值是用来表示根据概率估计值越高，那么激发的动力就会越强，一个人的工作的积极性也会越强大。

公平理论是由美国心理学家亚当斯在 1967 年提出的理论。这个理论认为，个人对于工作的积极性不仅仅和个人收到的实际的报酬有关系，而且还与人们对于报酬分配是否公平合理有着更为密切的关系。人们在实际的工作当中，会将自己所付出的劳动的代价与自己所得到的劳动报酬进行比较，也会与其他人进行自觉或不自觉地比较，并且作出是否公平的判断。这种通过比较得出的公平与否的判断会直接影响员工在以后工作当中的工作动机。

3.4.3 推拉理论

关于人口流动方面的理论有很多，推拉理论是人口流动理论方面的重要理论，这个理论最早是由唐纳德·博格提出的，人才的流动主要是由于人才流入地区的拉力以及人才流出地区的退出共同造成的。

西方的古典推拉理论认为，工资收入与薪资待遇是造成人口流动的重要原因。随着时代的进一步发展，现代的推拉理论认为人口的流动还受其他因素的影响，这些因素包括更好的福利水平，更加全面的职业发展规划，更优质的再教育选择。

瑞典经济学家缪尔达尔最早在其著述中提出了循环累积因果的理论，这个理论用于解释区域经济间发展的不平衡。

这个理论认为，经济发展的过程最早开始于经济基础比较好的地区，这些地区的经济充分发展会造成经济区域之间发展的不平衡。由此，发达地区与落后地区就会产生两种相反的效应。一种叫作回流效应，它表示资本、技术等生产要素逐渐从滞后地区向发达的地区流进，这就进一步地导致了经济区域之间的差异扩大。另外一种叫作扩散效应，发达地区的劳动力、技术逐渐向落后的地区流动，这就导致了经济区域之间的差距逐渐缩小。

另一个关于不平衡发展的理论是由赫希曼在其著作《经济发展战略》中提出的。这个理论说明，假设一个地区得到了充分的发展，那么将会有后续的动力推动其经济进一步发展，接着，区域之间就会出现经济的不平衡增长。

另外，关于此理论赫希曼还提出了"极化效应"与"涓滴效应"：首先，在经济发展的初期"极化效应"起了主要的作用；接着，区域经济的发展就会进一步的不平衡；最后，"涓滴效应"起了主要作用，这个效应则会逐渐地减少区域差距。

3.5 "高精尖缺"人才影响效应理论

"高精尖缺"人才的"综合效应"是指综合因素对人才流动的影响比单一的因素对人才流动的影响越来越大，综合因素的作用逐渐变强，单一因素的作用逐渐变弱。"高精尖缺"人才的流动趋势会趋向于向经济增长速度快、资本收益率高、投资安全的地方转变。综合效益对"高精尖缺"人才流动的影响越来越明显。

3.5.1 "高精尖缺"人才的"马太效应"

"高精尖缺"人才影响效应可以用"马太效应"来表示。人才的聚集程度与经济的发达程度是呈现出正向关系的。人才集聚程度高，就会促进经济的繁荣，经济的繁荣就会进一步的吸引人才的流入。相反的，人才集聚程度低的地方，经济的发展就不太充分，经济的发展就比较落后，而经济的落后则会进一步地流失掉人才。

就山东省来说，"马太效应"也有其自身的表现。"高精尖缺"人才会从乡村流向城市，从较为贫困的地区流向较为发达的地区，从内陆地区向东部沿海地区流动与汇集。

山东省的经济效益越好，就越可以吸引并且留住人才，山东省的经济效益差，对于吸引人才与留住人才就较为困难。

3.5.2 "高精尖缺"人才的"势能效应"

"势能"是物理学意义的名词，物体因形变或处于较高位置而具有的能称为势能。一个物体，形变的程度越大，所处的位置越高，那么这个物体的势能就越大。"高精尖缺"人才也都具有一定的"势能"。"高精尖缺"人才拥有者更高的专业技术水平以及更高的社会地位，这些都决定了人才具有比一般劳动力更高的"势能"。山东省近几年积极地引进"高精尖缺"人才，采取各种措施积极培养"高精尖缺"人才，"高精尖缺"人才的开发力度就会逐渐加大。所以，作用在"高精尖缺"人才自身的专业技术水平与人才所处的社会地位的因素就会变得越来越强，"高精尖缺"人才的势能对于"高精尖缺"人才的流动的作用就会变得越来越大，"高精尖缺"人才的"势能效应"也会更加充分地显现出来。

3.6 "高精尖缺"人才人力资本对经济增长的影响方式

经济增长的方式多种多样，经济增长的途径也有许多种。影响经济增长的途径有国家的政策制定、科技的进步与发展、各种各样的规定与制度等因素。其中，影响经济增长最为重要的因素是人力资本。本课题主要探究的是"高精尖缺"人才人力资本对于经济增长的作用。"高精尖缺"人才人力资本对于经济增长的作用越来越关键，越来越重要，加大"高精尖缺"人才人力资本投资可以对经济的增长起到重要的作用。"高精尖缺"人才人力资本可以通过与社会上的多种因素相结合，发挥自己的关键作用。所以，我们有必要了解分析"高精尖缺"人才人力资本在什么样的条件下与经济因素相结合，从而正确地清除各种对于经济增长的障碍，促进经济良好平稳运行。

在研究人力资本对于经济增长的影响诸多问题上，大多数学者认为人力资本对于经济增长与发展的正向积极作用，主要是通过人才提高劳动生产率来体现。"高精尖缺"人才拥有的人力资本相比于一般劳动力的人力资本来说更为优质，因此也就拥有并且保持着相比于一般劳动力更好的劳动能力。这些优质条件，将不可避免地提高"高精尖缺"人才的劳动生产率。劳动生产率的提高要考虑分工、新设备机器的使用，更要考虑诸多劳动者整体的水平与整体的协作能力，这些条件都是相互影响，相互促进的。新设备或者新技术研发出来，就会淘汰落后的生产力，同理，也会淘汰一些低素质的劳动力。这些新设备与技术需要新的高素质劳动力，也就是需要"高精尖缺"人才人力资本。"高精尖缺"人力资本在工作之前受到了更多的教育，接受了更多的教育资源，拥有更高的能力，接受了更高水平的培训。因此，"高精尖缺"人才在自己工作的时候相比于一般的普通劳动力，更加能适应新的工作，能够更好地运用自己的能力提高劳动的生产效率，更好地与新机器与新设备相配合。

"高精尖缺"人才人力资本可以通过下面的途径来提升自己的生产效率，提高自己的工作能力，更好地为经济增长服务：第一，"高精尖缺"人才人力资本代表着更为丰富、更为优质的人力资本，需要更加完善、更加优质的医疗保障与卫生条件。通过更好的医疗服务，来促进"高精尖缺"人才整体的健康水平，进而促进自身劳动生产效率的提高。第二，教育是国家培养人才的重要手段，是国家提升劳动者素质，提高劳动生产效率，促进经济增长的重要手段。因此，"高精尖缺"人才可以通过不断接受教育，树立终身学习的观念，不断增加自身的人力资本，促进劳动生产效率的提高。第三，实践证明，在经济不断发展的过程当中，能够熟练地运用知识与技能也会对经济的发展起到重要的作用。第四，许多学者在研究中表明，越是"高精尖缺"人才，劳动生产率越高的人才，更加容易管理。管理效率的提高也可以间接地促使劳动生产效率的提高。"高精尖缺"人才的人力资本可以凭借自身的优势更好地接受管理，从而提高自己的生产效率，促进经济的增长。

一般来说，通过不断地对人力资本进行投资，就能够不断地提高人力资本的水平，提升劳动者的个人素质，促进就业率的不断提升。"高精尖缺"人才有着比一般劳动者更高的人力资本，因此这些劳动者有着更加高超的能力和技能，也就能够在日益变化的社会环境下适应不同岗位的需求。目前，山东省的基本情况是，人口基数非常大，"高精尖缺"人才数量短缺。根据目前的状况，需要不断加大对人力资本的投资，不断培养出更多的"高精尖缺"人才以满足山东省经济结构转型的需要，促进山东省经济平稳合理地运行。

另外，有目的性地培养"高精尖缺"人才，不断对"高精尖缺"人才进行投资，就能够合理地改变就业的结伴结构。山东省目前面临经济结构转型的需要，山东省经济的转型与发展升级也需要相应的劳动力结构的转变。对"高精尖缺"人才人力资本进行有目的、有计划的投资也是改变劳动力结构的重要的有效方式。

山东省当前正处于经济结构转型升级的关键阶段，一般劳动力资本短缺，"高精尖缺"人才人力资本更为短缺。因此，政府要不断通过加大财政的转移支付等手段，对正规教育与一般的职业教育进行投资。

不断加大对"高精尖缺"人才人力资本的投资，努力培养"高精尖缺"人才，适应满足社会发展的需要，这才是顺应时代潮流的唯一选择。

根据实际经验与一般的规律，人力资本水平的高低会对劳动者的收入产生一定的影响。就大部分人的观念来说，人力资本水平高的劳动者收入高，人力资本水平低的劳动者收入低。人力资本水平与不同劳动者收入水平之间的相互作用，会对整个社会的经济发展产生一定的影响。

一般来说，劳动者身上所体现的人力资本可以通过不同的途径影响劳动者自身的经济收入水平。本文主要从两个方面来进行阐述：第一，劳动者身上所体现的人力资本水平可以影响单个经济体所得的收入水平。根据实际经验，人力资本的水平与个体的收入水平之间存在着正相关的关系，丰富的人力资本水平意味着更加强大的劳动能力与劳动技能，这些人也必将在工作中获得更高的收入水平。从另一方面来说，提高人力资本也会提高经济个体的收入，当经济个体的收入水平提高后，就会促进消费，而消费是拉动经济增长的三架马车之一，消费的繁荣便会带动经济的繁荣。

第二，不同的劳动者身上所体现的不同的人力资本的水平，也会影响到劳动者的收入结构。目前，许多学者研究城乡的收入差距，城乡的收入差距有城乡资本投资差异、劳动者的个人素质、交通等一系列因素。在这中间，影响城乡收入差距的一个非常重要的因素就是城乡劳动者的个人素质的差异。因此在培养"高精尖缺"人才，加大对"高精尖缺"人才培养的同时，要兼顾城乡的收入差距现状。可以适当地进行政策的倾斜，加大对农村地区的人力资本的投资，提高农村地区的劳动者的收入水平，进而促进农村劳动力收入水平的提高。

对人力资本水平的高低进行评价，有一个非常重要的评价方面就是观测劳动者对现有技术的熟练运用程度。一般来说，较高的人力资本存量对于技术的掌握与运用也比较熟练，并且能够因时因地地进行创新，灵活运用自己手中的技术创造财富。

另外，技术创新的前提条件是以个人为基础，人力资本的积累与人的创新也呈现出正相关的关系。谁拥有更多的更为优质的人力资本，谁就拥有更强的创新能力。另外，从反面来说，人力资本的获得都是通过后天的努力获得的，劳动者身上所体现的人力资本越多，也就意味着此劳动者的学习能力越强，学习能力越强的人也就能不断地创新，不断地应用更高技术水平的设配，促进经济的增长。

人力资本会在不断地学习当中不断积累，在不断的积累过程当中，一般劳动力的人力资本结构就会逐渐地转变为"高精尖缺"人才的人力资本，人力资本的结构就会发生改变。随着人力资本结构的变化，也会对经济结构产生一定的影响。

山东省如果想要调整本地区的经济结构，就必须意识到人力资本结构调整的必要性。经济结构必须要与人力资本结构同时进行调整，对两者进行整合，才能促进经济合理有效地发展。山东省是 GDP 大省，也是人口大省。但是山东省的经济结构一直不合理，山东省的经济发展以第二产业、重工业为主，多属于资本密集型与劳动力密集型的企业。对劳动者的素质水平要求低，这样的产业结构不合理，经济发展具有较大的局限性。因此，为了解决上述的弊端，必须要先调整人力资本结构进而利用人力资本结构的调整来促进经济结构的调整。另外,山东省的人力资本水平较低,劳动者的素质较低,通过对劳动者进行投资,对人力资本结构不断进行调整,就能够优化人力资本的水平,促进山东省经济结构的转变,利于更加合理地产业结构的形成,利于形成合理的经济进步节奏,促进山东省经济结构的转变。

从山东统计局以及相关学者的研究当中可以看出,山东省在近些年来的经济发展中,第一产业占总 GDP 的比重不断下降,劳动者逐渐从第一产业向第二产业、第三产业过渡。为了适应不同产业的就业岗位,就必须要对人力资本进行投资,培养更多的"高精尖缺"人才,提升劳动者自身的人力资本水平以适应不断发展变化的经济结构。

综上所述,劳动者身上所体现的人力资本水平越高,人力资本水平不断地提升,劳动者的学习能力与创新能力才会不断的提高,由此,人力资本就能够推动科学技术的进步,提高资金的使用效率,增加财富的创造值。山东省为了转变经济结构,加快经济的转型升级,就必须培养更多的"高精尖缺"人才。

第四章 山东省"高精尖缺"人才队伍结构研究

山东省进行"高精尖缺"人才队伍的建设，首先要对当前本省的人才队伍现状有一个清晰的认识，了解本省"高精尖缺"人才队伍结构的现状，这样才能合理地开展后续的工作。本章将从山东省"高精尖缺"人才队伍的现状分析、"高精尖缺"人才的需求、"高精尖缺"人才的结构等角度展开分析论述。

4.1 山东省"高精尖缺"人才队伍现状分析

探究山东省人才的现状，首先要对山东省人才的现状有一个较为全面的了解，本章通过搜集数据从人才资源的总量、年龄、性别、文化程度、所处领域等方面来对山东省的人才现状进行探讨。纵观山东省人才的现状可看出，山东省人才的变化呈现出以下三个特征。

（1）人才总量增长较快

2010 年山东省人才资源总量是 975 万人，2017 年增加至 1477 万人，与 2010 年相比增长 51.5%，且人才资源占到人力资源总量的 18.3%。也就是说，每万人中就有 1500 名人才，成为山东省经济发展的推动力。

（2）人才素质稳步提升

在企业经营管理总人才中，年龄 35 岁及以下的人占 41%；专业技术总人才中，年龄 35 岁及以下的人占 37%；技能总人才中，年龄 35 岁及以下的人占 47%，这是典型的金字塔形的年龄结构。党政人才、企业经营管理人才和专业技术人才中，具有研究生学历的近 3%，技能人才中大专及以上学历水平的近 30%。

（3）人才结构较为合理

山东省大力推进"中国制造 2025"战略，使得 61% 的技能人才都分布在制造业领域。54.4% 的人才分布在装备制造、农业科技、金融财会、社会工作等重点领域。农业领域引进的外国专家占到新引进人才的 30% 以上，畜牧业占到新引进人才的 20% 以上。技术改造、制造业等传统工业领域新引进的人才占 40% 左右。这些说明山东省人才结构是合理的。

4.1.1 山东省"高精尖缺"人才队伍资源现状分析

目前，山东省人力资源的现状可以简单地用"山多峰少"来表示。山东作为经济大省，人力资源的总量大，但是"高精尖缺"人才短缺，相关岗位急缺"高精尖缺"人才。各市纷纷出台了相关的政策，引进"高精尖缺"人才。

（1）山东省"高精尖缺"人才队伍现状分析

截至 2017 年 12 月，驻鲁两院院士 40 人，国家千人计划专家 150 人，万人计划专家 34 人，国家百千万人才工程人选 146 人，全国杰出专业技术人才 5 人，享受国务院政府特殊津贴专家 3136 人，中组部博士服务团成员 66 人，973 项目首席科学家 27 人，国家杰出青年科学基金获得者 63 人，长江学者特聘教授 39 人，长江学者讲座教授 25 人，长江学者和创新团队发展计划创新团队带头人 24 人，国家级教学名师 30 人，教育部新世纪优秀人才培养计划 333 人，博士生导师 2716 人，中华技能大奖获得者 16 人。

泰山学者 766 人。其中，泰山学者攀登计划专家 34 人，泰山学者特聘专家 287 人，泰山学者海外特聘专家（创新）296 人，泰山学者海外特聘专家（创业）107 人，泰山学者优势特色学科人才团队领军人才 4 人，泰山学者蓝色产业计划专家 34 人，泰山学者种业计划专家 10 人，泰山学者药学特聘专家 22 人（其中 18 人先后入选攀登计划和特聘专家，8 人先后入选特聘专家和海外特聘专家，1 人先后入选特聘专家和学科计划，1 人先后入选海外特聘专家和蓝色产业计划）。省科学技术最高奖获得者 17 人，省优秀创新团队 30 个，省有突出贡献中青年专家 1197 人。齐鲁文化名家 20 人，齐鲁文化英才 92 人，齐鲁文化之星 602 人。省科技人才服务团 20 人。省级教学名师 450 人，省杰出青年基金获得者 147 人。省首席技师 960 人，省有突出贡献的技师 428 人，省技术能手 1314 人。

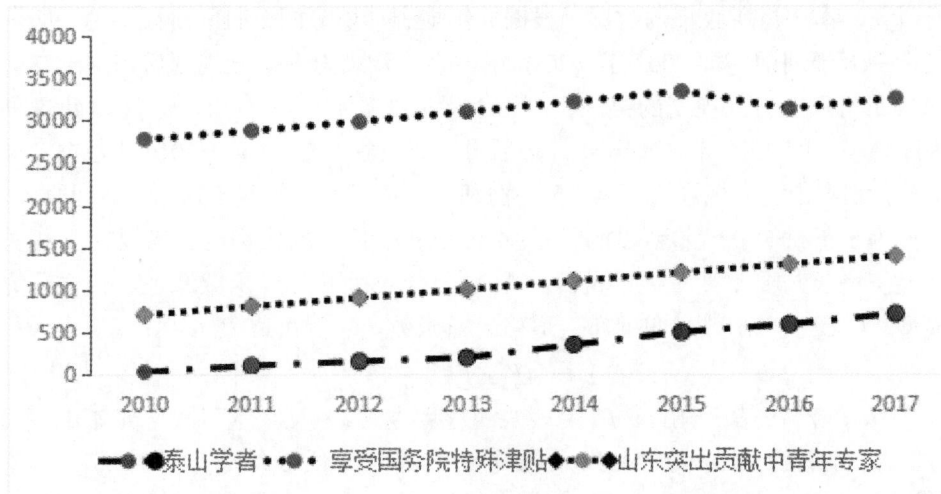

图 4-1 山东省部分"高精尖缺"人才发展现状图

（2）建模与实证分析

许多学者在选择的过程中没有注意各个指标之间的对应关系，统计局每年的 GDP 数据都为流量，有的学者测算人力资本存量或者物质资本存量，导致流量存量在同一个公式里计算，并且两个存量的计算方式多样，得出的数据具有不稳定性。为了实证分析更加科学，本章所选取指标皆为流量。

宏观经济学中，可以用国内生产总值和国民生产总值来衡量产出总量。GDP 是一个国土概念，衡量一定时期内一个地区的所提供的最终产品和劳务的全部价值总和。大部分学者在选取指标时，通常都选取 GDP 作为衡量指标，所以本章也选取 GDP 作为衡量指标。

资本通常可以分为固定资本和流动资本。山东统计局中分别统计了每年社会固定资产投资总额，即为每年新增的社会固定资产，是流量，所以本章选取此指标作为一个衡量指标。

为研究人力资本和经济增长的关系，本章选取的流量指标为一般劳动者人数以及"高精尖缺"人才人数。就业人员数可以直接由山东统计局中查到，对于"高精尖缺"人才的人数测算，则通过查阅《中国劳动统计年鉴》中的分地区全国就业人员受教育程度数据，统计出山东历年的就业人员受教育程度，接着测算专科、本科、研究生及以上的人数，将其总和作为"高精尖缺"人才数。用就业人员总数减去"高精尖缺"人才数即为一般劳动者指标。

为了对重大建设项目、生产力分布、国民经济重要比例作出规划，促进经济合理有序发展，国家实行五年计划。其中，十五计划是 2001 年—2005 年，十一五规划是 2006 年—2010 年，十二五规划是 2011 年—2015 年。为了进行研究，本章将所收集的数据，根据五年规划，划分两个时间阶段。第一阶段是十一五规划前，即 2002 年—2010 年。第二阶段为十一五规划后，即十二五规划期间和十三五规划的第一年，为了保证线性回归准确性，将 2010 年也列入此阶段，即 2010 年—2016 年。最后再对所收集的 2002 年—2016 年数据，即十五计划到十三五规划第一年作整体分析。下面的研究均基于这三个时间段。

为了准确分析"高精尖缺"人才在经济增长中的作用，就需要建立相关的经济增长与要素变量之间的经济模型。本章利用 C-D 函数原理，构建研究模型。C-D 生产函数又叫柯布－道格拉斯函数，一般可以表示为：

$$Y = AL^{\alpha}K^{\beta} \tag{4.1}$$

其中 Y 代表产出，L 代表一般劳动力投入，K 代表资本投入，α、β 分别为劳动和资本投入的弹性系数，A 代表综合效率常数，其中 $0<\alpha<1$, $0<\beta<1$, $\alpha+\beta=1$。进一步的改变（4.1）式，可以构建模型：

$$Y = AK^{\lambda}R^{\gamma}H^{\xi} \tag{4.2}$$

把 L 进一步分解为一般人力资本 R 以及"高精尖缺"人才 H。λ、γ、ξ 分别表示物质资本的弹性，一般劳动力弹性，"高精尖缺"人才弹性。

对（4.2）两边分别取对数可以得到：

$$LnY = LnA + \lambda LnK + \gamma LnR + \xi LnH + \varepsilon \tag{4.3}$$

ε 为随机扰动项，对（4.3）式进一步回归便可得到 LNA、λ、γ、ξ。

表 4-1 各时间段经济要素与经济增长关系检验结果

	2002~2016	2002~2010	2010~2016
LNA	-28.47348	-56.67471	-5.886056
	(-3.888580***)	(-9.118563***)	(-1.738752)
LNK	0.450396	0.126795	0.498272
	(6.320872***)	(1.868375)	(32.33229***)
LNR	3.708579	7.300454	1.118463
	(4.302870***)	(9.534896***)	(2.99447*)
LNH	0.383959	0.419261	0.276361
	(4.088464***)	(7.378882***)	(6.165165**)
R-squared	0.995117	0.998346	0.999745
F-statistic	747.1624	1006.097	3919.371
Prob（F-statistic）	0	0	0.000007

注：*，**，*** 分别表示系数在 10%，5%，1% 的显著性水平。

表 4-1 结果显示，各个时间段计量模型的整体性检验都可以通过，并且有较高的拟合度，自变量的估计系数也有较高的显著程度，这些都表明，该

模型可以在山东地区得到应用。LNK, LNH, LNR 显著性程度较高,且都与经济增长正相关。对经济增长作用最大的是资本,其次是"高精尖缺"人才、一般劳动力。将三个时间段总体比较,可以得出物质资本的产出弹性比较稳定,一般劳动力的产出弹性有下降趋势,"高精尖缺"人才的产出弹性有上升的趋势。这都表明,山东省正处于经济的转型时期,资本投入过于粗放,"高精尖缺"人才对于经济增长的作用逐渐变大,传统劳动密集型产业将对经济增长的作用逐渐变小。这些结论与经济增长理论相一致。

(3)贡献率测算

对(4.3)式两边同时微分得:

$$\frac{dY}{Y} = \lambda \frac{dK}{K} + \gamma \frac{dR}{R} + \xi \frac{dH}{H}$$

(4.4)

分别用 η_k、η_R、η_H,来表示物质资本、一般人力资本、"高精尖缺"人才对于经济增长的贡献率,则有:

$$\eta_K = \lambda \frac{dK}{K} / \frac{dY}{Y}$$

(4.5)

$$\eta_R = \gamma \frac{dR}{R} / \frac{dY}{Y}$$

(4.6)

$$\eta_H = \xi \frac{dH}{H} / \frac{dY}{Y}$$

(4.7)

利用上述公式和相关数据得到结果如表 4-2 所示:

表 4-2 各要素贡献率测算情况

	2002~2010	2010~2016	2002~2016
H 贡献率	5.77%	30.41%	10.23%
R 贡献率	36.36%	-5.28%	6.84%
K 贡献率	25.40%	90.50%	115.79%

通过表 4-2 分析可得:

第一,在经济发展过程中,物质资本和人力资本是经济增长的两个非常重要的因素,人力资本对于经济增长的作用越来越明显。这是因为,一方面,山东省是人口大省,人口基数大,劳动力可以作为推动经济增长的直接因素;另一方面,随着教育改善,人力资本的质量提高,人力资本产生的外部经济性也越来越大。

第二,一般劳动力对于经济增长的作用越来越小,甚至在 2010 年

~2016 年期间出现了负数,"高精尖缺"人才对于经济增长的贡献率越来越大,到最后超越了一般劳动力的对经济增长的贡献。表明经济增长越来越依靠劳动力质量的提升,"高精尖缺"人才对于经济增长的作用慢慢表现出来。

第三,总体来说,人力资本对经济的贡献率都小于物质资本,并且物质资本对于经济增长的贡献越来越大,资本的边际报酬递减、投入高、产出低,这些都说明山东省的经济增长模式还是传统的粗放经济增长模式。

（4）要素增长率测算

为了更直观地观察各个经济变量的变化,以及各个经济变量与经济增长之间的关系,分别计算各要素的年平均增长率。增长率的一般公式可表示为:

$$\text{要素年平均增长率} = \sqrt[n]{\frac{\text{报告期数据}}{\text{基期数据}}} - 1 \tag{4.8}$$

利用公式（4.8）和搜集到的数据,得到如下结果:

表 4-3 "高精尖缺"人才要素平均增长率

	2002~2010 年	2010~2016	2002~2016
Y 年平均增长率	18.21%	9.36%	14.33%
K 年平均增长率	26.68%	14.81%	21.45%
H 年平均增长率	4.17%	10.11%	6.68%
R 年平均增长率	1.65%	-0.57%	0.69%

通过对表 4-3 的分析可得出以下结论:

第一,总体来看,山东省每年的经济平均增长率有所降低,经济发展速度有所减缓。这与当前全国的经济下行的形势相符,山东要积极转变经济发展方式,调节经济结构,合理引导经济发展。

第二,物质资本以及一般劳动力的增长率呈现出下降趋势,"高精尖缺"人才的增长率呈现出上升趋势。这说明山东省经济结构正处于转型的时期,经济增长逐渐由依靠物质资本投资,劳动力数量的粗放发展模式向依靠提高劳动力素质转变。

第三,物质资本的增长率快于经济增长率,资本边际报酬递减规律明显,带来的经济收益递减。同时,物质资本的增长率远大于人力资本的增长率,这说明山东还是要认清形势,积极调整结构,适当减缓物质资本投入,增加人力资本尤其是"高精尖缺"人才资本的投入。

4.1.2 山东省"高精尖缺"人才队伍现状分析

现主要针对山东省人才增长的情况，通过构建灰色模型 GM（1，1）对人才的现状进行分析，并且对 2018 年至 2023 年的人才增长情况进行预测。

基于上述情况，拟采用灰色预测模型的方法对山东省人才新增情况进行预测。

（1）数据整理及数据分析

将中国工程院院士，住鲁两院院士，享受国务院政府特殊津贴专家，山东省有突出贡献的中青年专家，国家海外"高精尖缺"人才引进计划，国家外专千人计划，香江学者计划，泰山学者海外特聘专家等默认为人才，把新增的高技能人才单独拿出来讨论。2012 年新增人才 500 人，2013 年新增人才 245 人，2014 年新增人才 265 人，2015 年新增人才 237 人，2016 年新增人才 429 人，2017 年新增人才 275 人。山东省 2012 年新增高级能人才 16.5 万，2013 年新增高技能人才 19.2 万，2014 年新增高级能人才 26.2 万，2015 年新增高技能人才 31.1 万，2016 年新增高技能人才 24 万，2017 年新增高技能人才 25.9 万。具体情况如表 4-4 所示：

表 4-4 山东省人才每年新增的总量（单位：万人）

年份	2012	2013	2014	2015	2016	2017
新增人才（人）	500	245	265	237	429	275
新增高技能人才（万人）	16.5	19.2	26.2	31.1	24	25.9

（2）模型建立与分析

构建 GM（1，1）模型用以预测山东省泰山学者 2018 年至 2023 年的需求数量，模型如下：

$$\frac{dx^{(1)}(t)}{dt} + ax^{(1)}(t) = b$$

（4.9）

式中 $x^{(1)}(t)$ 为系统状态变量的一次累加值，$x(t)$ 为第 t 年山东省泰山学者的需求数量，a，b 为待定参数，参数向量可以运用最小二乘法估计式：

$$\hat{a} = (B^T B)^{-1} B^T Y = \begin{bmatrix} a \\ b \end{bmatrix}$$

（4.10）

构建矩阵 X 和矩阵 B，则有：

$$B = \begin{bmatrix} -\frac{1}{2}[x^{(1)}(1)+x^{(1)}(2)] \\ -\frac{1}{2}[x^{(1)}(2)+x^{(1)}(3)] \\ -\frac{1}{2}[x^{(1)}(3)+x^{(1)}(4)] \\ \vdots \\ -\frac{1}{2}[x^{(1)}(n-1)+x^{(1)}(n)] \end{bmatrix}$$

$$(4.11)$$

$$x = \begin{bmatrix} x^{(0)}(2) \\ x^{(0)}(3) \\ x^{(0)}(4) \\ \vdots \\ x^{(0)}(n) \end{bmatrix}$$

$$(4.12)$$

GM（1，1）模型的时间响应式：

$$\hat{x}^{(1)}(k+1) = \left(x^{(0)}(1) - \frac{b}{a}\right)e^{-a(k-1)} + \frac{b}{a} , \quad k=1,2,3...n-1$$

$$(4.13)$$

通过上式计算得出模拟值，当 $k \geq n$ 时，$x(k+1)$ 为预测值。我们首先将山东省 2012 年—2017 年新增的人才数量带入模型时间响应，可以得出：

$$a = -0.1, b = 203.5$$

模型的平均相对误差为 15.3%，故可用该模型来预测山东省未来 6 年的泰山学者需求数量，山东省 2018 年—2023 年新增的人才数量分别为：

359.8，387.2，416.7，448.4，482.6，519.4

同理将山东省 2012 年—2017 年的新增的高技能人才数量带入模型响应，可以得出，$a=0.0$、$b=22.1$，模型的平均相对误差为 12.6%，故可用该模型来预测山东省 2018 年—2023 年新增的高技能人才数量。

预测出新增的高技能人才的 2018 年—2023 年的数量分别为：

28.5 万，29.7 万，30.9 万，32.2 万，33.5 万，34.9 万

（3）预测结果分析

根据对山东省人才每年的增长量进行分析和预测，可以看出山东省未来6年人才的增长量是稳步增长的，且山东省的经济也会随着人才的增加而提高。

4.2 山东省"高精尖缺"人才需求研究

市场经济发展需要"高精尖缺"人才，依据山东省历年来的人才需求状况，采用统计分析的方法来研究"高精尖缺"人才需求的影响因素、数量分布、专业结构、学历、能力、技能、职业道德要求，从中得出相关的结论和启示。

4.2.1 山东省"高精尖缺"人才资源急需程度研究

目前中国正处于一个高速发展的时代，在经济全球化的趋势下，中国面临着国内产业由第二产业转向第三产业以及人民思想由保守转向开放的双重转型挑战。但是山东目前也面临着严重的人才缺口，尤缺各行各业的"高精尖缺"人才。由此可见，在未来的时间里，山东在培养人才的道路上还有很长的一段路要走。

（1）山东急需"高精尖缺"人才情况

山东省政府新闻办召开新闻发布会，邀请山东省委组织部副部长、省人社厅厅长韩金峰，省统计局副巡视员刘绍辉介绍山东省第一次人才资源统计调查的组织实施及主要数据情况。截至2015年年底，人才资源总量达1477万人，其中企业经营管理人才208.4万人，专业技术人才513.7万人，技能人才504.3万人，农村实用人才212万人。同时，在人才存量中，山东省人才质量不高，初级人才占有很大比重，初级专业技术人才286万人，占55.7%，高级仅占9.2%；初级企业经营管理人才159.2万人，占76.4%，高级仅占6.7%；初级技能人才308.4万人，占61.1%，高级仅占18%。由此可见，山东省的"高精尖缺"人才占比很低，大部分还处于初级阶段。

（2）山东"高精尖缺"人才稀缺原因

山东并不缺少人才，但"高精尖缺"人才比例却始终不大，其原因可以归结于下。

第一，山东在人才招募时间上处于劣势。在历史上山东省一直是个农业大省，工业企业较少，所以一开始没有认识到工业人才的重要性，以至于现在与南方沿海城市相比较为落后。南方发达城市人才招募开始时间原本早于山东省，所以产生了人才"马太效应"，强者愈来愈强，弱者愈来愈弱。

第二，山东省人才引进机制较为短缺。从根本上讲，人才之争就是人才机制之争。人才缺盈作为一种表象，其背后体现出机制的核心影响。与山东省相比，南方发达省份的人才资源在总体上具有数量和质量的优势，这得益于它们在人才资源开发和管理上所采取的一些行之有效的措施。沿海发达省份实施人才"绿色通道"制度，取消人才引进审批制，政府人事部门牵头设立"一站式"人才引进服务窗口，提高服务效率。此外，南方发达省份为消除人才引进中的城乡、地域和身份等限制，出台了有"人才绿卡"之称的地方居住证制度。山东省 2016 年才出台"人才绿卡"政策，已经落后别的省份很多了。

第三，山东省在专业人才培育上较弱。南方发达省份充分认识到高等院校在人才培养方面的作用，根据经济社会发展需要，调整学科和专业结构，大力发展本科教育，扩大研究生培养规模，增设博士点。同时鼓励高校开展职业教育，拓宽大学生的就业渠道，注意解决高校毕业生就业难的问题。此外，它们还积极实施"高精尖缺"人才队伍建设工程。早在 1996 年，浙江省就开始实施"新世纪 151 人才工程"，着力培养跨世纪学术和技术带头人，有力地推动了大批优秀年轻人才的成长。江苏省则大力推进全方位"高精尖缺"人才培养模式，加快构筑新一轮"高精尖缺"人才培养工程，如"333 跨世纪学术、技术带头人培养工程"，加强"高精尖缺"人才培养基地建设，扩大"高精尖缺"人才对外合作交流等等。山东目前 985/211 高校仅有 3 所，2017全国高校百强榜只有 3 所大学上榜，这是山东稀缺"高精尖缺"人才的一个重要原因。

第四，山东省经济较为落后。山东省仍处于经济较为落后的状态，高端企业较少，对"高精尖缺"人才的吸引力不足，不能满足"高精尖缺"人才的生活需求与工作需要，而南方城市经济发达，生活质量水平较高，高精尖企业密集，与山东省相比，更能吸引"高精尖缺"人才的入驻与停留。

4.2.2 山东"高精尖缺"人才招聘过程中的问题研究

目前大部分企业都通过传统的招聘网站招高端人才，虽然互联网对招聘做出了巨大贡献，但 BBC 模式让求职者在上面投送简历没有任何阻碍，导致虚假信息泛滥，使 HR 付出更多精力去筛选信息。因此，面对这种现象，大多高端职位都是委托给了猎头公司，期待他们快速地找到人才。

（1）"高精尖缺"人才现有招聘方式

猎头公司：有效性高，价格昂贵。猎头公司通过自身运行体系，争取实现高效地猎取人才，但是猎头公司的费用收取很高，约束了用人单位，使用人单位只有在招聘极少部分的高端职位时才会考虑此方式。

熟人推荐：可靠性高，范围狭窄、难以推广。通过企业员工、客户等相对熟识的人的推荐，获得招聘候选人的方法。熟人推荐，对候选人了解相对较多，也较为真实客观。但是熟人推荐相对来说偶然性很高，只能作为辅助手段在一些岗位上运用，还应注意避免熟人推荐而对候选人失去客观的判断，对于形成的裙带关系还应该对其进行思想引导，使其价值观与企业文化相符，融入企业大家庭。

网络招聘：覆盖范围广，筛选难度大。通过网络技术来实现招聘，在空间、时间等因素上不作强制性规定，而且传递效率高，运行成本低。具有灵活性、针对性、快捷性，招聘范围广、节省经费、成本低效率高等优点。现在"网络＋猎头"在人才求职中取得明显效果，但是大量的信息也加大了筛选成本。

现场招聘会、网络招聘、报纸广告：有效性不足，由于比较成功的中高端人才流动意愿不强烈，不愿意贬身去人才市场。所以，尽管现场招聘会可以面对面，网络以及报纸广告覆盖面广，但却不容易在现场招聘会上找到中高端人才，网络以及网页招聘收来的简历也普遍不尽如人意。

（2）"高精尖缺"人才招聘存在的问题

人才构成与招聘之间都呈现出明显的金字塔形关系：随着人员结构由底层向顶层的过渡，人均贡献值、市场稀缺率、薪酬待遇水平、薪酬谈判话语权、人均招聘成本都逐渐上升，岗位的标准化逐步下降。

第一，招聘岗位的用人需求缺乏明确、统一的标准。标准的缺失会使用人部门与人力资源部门的判断标准不统一。招聘考核不够全面，招聘中的人员甄选是对应聘者的任职资格和对工作的胜任程度，即与职务匹配程度进行系统的、客观的测量和评价，从而作出录用决策。而应聘者的任职资格和对工作的胜任程度主要取决于他所掌握的与工作相关的知识、技能，个人的个性特点、行为特征和个人价值观取向等因素。因此，需要从知识、能力、个性、动力因素等几个方面进行综合的考核和评价。

第二，人才面试评估环节缺乏专业、有效的科学方法与工具。国内一半以上企业的面试主要依赖面试官的识人能力，采用非结构化面试选拔人才。主要考察显性知识与技能，无法对求职者的隐性知识、思维能力与行为方式特征进行评估，无法从真正意义上了解人才日常做事情的内驱力、思维方式等固有的行为模式等素质。

第三，招聘信息、人才简历没能有效整合与共享。随着企业经营管理水平的提升，中小企业内部各个业务单元对人力资源的协同效益日益剧增，但招聘领域最需要的统一管理、人力资源共享方面仍然是一片空白。不利于人才选拔环节建立选、育、用、留等管理机制的信息化管理系统。

第四，对招聘者的专业要求高。如果企业招聘人员的专业性不足、经验不够丰富，就难以把握中高端人才的期望动机和谈话中的潜台词，这会严重影响招聘的准确性。另外，中高端人才也会通过对招聘人员的观察，来判断企业的管理水平与文化，素质较差的招聘者将会被动地将一些优秀的人才拒之门外。

4.2.3 山东"高精尖缺"人才载体储备问题研究

人才留不下来，主要原因是人才发展载体的支撑作用发挥得还不充分：一方面，"国字号"和高水平高校、科研机构较少，缺乏集聚高端人才的载体；另一方面，产业结构以传统产业为主，同先进省份相比，山东省高新技术企业数量、规模还有较大差距，缺少聚集人才的企业平台。

（1）山东省"高精尖缺"人才储备现状总体分析

截至 2015 年底，山东人才资源总量增长较快，全省人才资源总量达到 1477 万人，比 2010 年增加 502 万，增长了 51.5%，人才资源占人力资源总量的比例达到 18.3%。其中，企业经营管理人才 208.4 万人，专业技术人才 513.7 万人，技能人才 504.3 万人，农村实用人才 212.0 万人。总体来看，呈现四个特点：人才总量增长较快、人才素质稳步提升、人才结构更趋合理、重点领域需求旺盛。"功以才力，业由才广"。党的十八大以来，山东省坚持人才优先发展，大力实施人才强省战略，紧扣创新驱动引才聚财，改革体制机制选才育才，优化创业环境用才留才。近年来，山东人才工作开放度明显提高，人才总量持续增长，"高精尖缺"人才队伍不断壮大，各类人才创新创业活力充分迸发，人才对经济社会发展的贡献率进一步提升，走出了一条具有"山东特色"的道路。一个从人才大省向人才强省转变的宏伟蓝图正在齐鲁大地蓬勃展开。为了巩固山东省"高精尖缺"人才储备基础，省政府提出加快建设人才改革试验区，以济莱协作区、青岛西海岸新区、济宁市三个省级人才改革试验区为重点，以山东半岛国家自主创新示范区、中韩自贸区地方经济合作示范区、京津冀协同发展示范区为依托，分层分类建设一批人才改革试验区。制定出台支持省级人才改革试验区建设政策，鼓励其在人才引进培养、社会化评价、双向流动、股权期权激励、成果转化、科技金融等方面先行先试，支持各地完善创新创业政策体系，探索人才管理新模式，为人才储备做好人力资源准备。

（2）山东"高精尖缺"人才储备的分析

通过搜集山东统计信息网的数据，分析了从 2007 到 2016 年山东"高精尖缺"人才储量的变化。这 10 年间，住鲁两院院士的数量稳定在 35 人左右；山东省有突出贡献的中青年专家和享受国务院政府特殊津贴专家的数量基本上以每年增长 100 人的速度变化。2008 年起，高技能人才培养规模不断扩大，选拔山东省首席技师 100 人，到 2016 年，山东省首席技师达到 1209 名；截至 2016 年，千人计划专家共有 174 名，国家百千万人才工程人选 162 名，高技能人才达到 268.7 万人。

近年来，山东在"高精尖缺"人才培养引进方面做了大量卓有成效的工作，截至 2015 年底，山东省共有各类人才 1477 万余人，占人口总量的 10.9%，2016 到 2017 年新增国家"千人计划"专家 56 人，共计 205 人，新增国家"万人计划"专家 79 人，共计 113 人。但目前，山东省"高精尖缺"人才还存在"大而不强"的问题，虽然山东全省人才总量比较大，但能够跻身全球、全国前沿"大师级"人才还比较稀缺。从数量上看，山东省现共有住鲁院士 45 名，而在江苏省，仅南京大学就有院士 32 人，驻浙江省的浙江大学有院士 38 人，分别接近山东省院士总量。此外，从山东省内东西部地区相比，人才水平还很不平衡，山东全省现有的 45 名全职院士中，青岛市有 26 人，占全省二分之一以上多。从山东全省"高精尖缺"的人才的年龄、专业领域看，结构不合理不优化的问题还比较突出。青岛市的 26 名院士中，有 19 人是海洋专业领域，平均年龄 77.6 岁，绝大多数超过了科研创新的黄金期。此外，人才观念滞后，对人才资源是第一资源的认识还不到位。山东省在人才观念更新方面相对滞后，存在思想认识问题。政策环境上，虽说山东省相继出台了不少人才措施，宏观层面的人才政策也趋于完善，但这些政策的衔接、执行和落实情况却并不令人满意，因此一定要将科教兴省、人才强省的战略措施贯彻到底，提高全省的人才意识，加大培养力度，达到人才强省的目标。

4.3 山东"高精尖缺"人才结构与布局研究

当前人力资本需求结构特点是技术进步使得中低端劳动力被替代后出现结构性过剩，中高端人才短缺日趋严重。高技能劳动力短缺是普遍现象。

第一产业剩余劳动力向外转移速度趋缓，第二产业就业人数下降，产值增速也大幅下降，第三产业人力资本需求持续增长。从人才流动趋势看，中国正在从"人才流出国"逐步转变为"人才流入国"。2005—2015 年十年间，

中国留学生的出国 / 回国比例从 3.39∶1 下降为 1.28∶1，2015 年出国留学人员回国比例达 78.11%。

"十三五"是中国经济增长新旧动能接续转换的关键时期。总体上，看人力资本需求侧出现三个明显特征：一是中高端，技术进步和产业转型升级使得"高精尖缺"人才和中高技能人才十分紧缺。二是实用性，尽管高校毕业生规模在不断扩大，但教育模式错位和教学内容更新滞后使得大学生知识技能结构与企业实际需求脱节，实用性、应用型人才缺口巨大。

（1）实施人才强省战略，支持新旧动能转换

全省人社系统围绕实施人才强省和创新驱动战略，把握"民生为本，人才优先"的工作主线。以推进人才发展体制机制改革、促进人才创新创业、加大"高精尖缺"高技能人才选拔培养力度服务产业转型升级为导向，要大力引进海内外人才智力，深化人才强省战略改革。创新海内外人才引进政策，一是牢固树立柔性引才理念创新平台载体，推进博士后工作站、留学人员创业园、专家服务基地、技能大师工作室、引智试验区等平台建设。二是持续推进政策创新，促进国内外人才引进。三是实施"海归创新创业在山东"人才发展计划。

（2）实施"外专双百计划"，引进"高精尖缺"人才

山东省处于经济发展新常态、企业转型升级、推进供给侧结构性改革的关键时期，对人才优势的需要也变得十分迫切。为应对国内外人才竞争形式的需要，山东省组织实施了"外专双百计划"。打造山东引智品牌，形成人才优势，优化产业结构。"外专双百计划"包括个人和团队项目，最高资助每年达上亿元，入选专家也将直接获得人才服务绿卡，在出入境、居留、医疗、保险、住房、税收等方面享有政策优惠。其中"外专双百计划"的个人项目专家一般应在海外知名高校获得博士学位，在国外著名高校、重点科研院所担任相当于副教授以上职务，在国外知名企业或金融机构担任中高级职务，或在其他突破性关键技术、开发、研究创造新技术上有突破性成就，为业内所公认，其为山东所紧缺的"高精尖缺"人才。山东也将积极探索实行国际通用的人才引进机制，更好地发挥在企业、高校、科研机构的主体作用。

（3）山东对高技能人才颁发"绿卡"

对于"高精尖缺"人才的引进，山东省积极畅通人才服务渠道，人才享有更加便利、高效的服务，并建立了专属服务制度，对高层次、高技能人才颁发绿卡。享受绿卡服务的对象主要有：从国外引进的发达国家的院士、国际知名大学终身教职人员等海外"高精尖缺"人才，从省外引进的国家和省级以上"高精尖缺"高技能人才；山东省经济和社会发展所紧缺的"高精尖

缺"高技能人才以及获得泰山学者或泰山产业领军人才资格的人员。

（4）以济宁市为例的"高精尖缺"人才结构分布

在 2017 年最新编撰的《济宁市 2017 年度"高精尖缺"人才目录》中，收录了紧缺专业 195 人，高端人才需求 362 人，紧缺人才需求 3438 人。符合条件的高等学历人员在济宁可以享受不同的人才津贴。

具体来说，按照所属产业划分，各产业申报单位数量：电子信息产业 69 家，能源化工产业 25 家，装备制造产业 72 家，生物医药产业 37 家，纺织服装产业 23 家，高端造纸产业 4 家，汽车产业 11 家，橡胶产业 4 家，食品产业 25 家，现代农业产业 17 家，节能环保产业 9 家，新能源产业 12 家，新材料产业 34 家，文化旅游等其他产业 47 家。

按照人员需求层次划分，高端人才需求共 362 人，包括生物医药产业需求 73 人，电子信息产业需求 71 人，装备制造产业需求 73 人，新材料产业需求 31 人，食品产业需求 28 人。需求位居前列，紧缺人才需求 3438 人，包括装备制造、生物医药、电子信息、能源化工、农业食品等产业人才需求较大，需求人数分别是 673 人、522 人、417 人、286 人、184 人。

（5）山东半岛城市人才发展及布局建设路径

山东半岛城市群是指由山东半岛城市群规划所界定的行政区，矿产资源丰富，工业基础雄厚。《山东半岛城市群总体规划（2006 年—2020 年）》提出，山东半岛城市群的整合目标是要把山东半岛城市群发展成为山东省以及黄河中下游地区对外开放的门户，全国乃至环黄海经济圈重要的先进制造业生产服务基地之一。山东半岛人才市场现正处于发展阶段，取得了一定成就，但也有一定不足。

一是政策先行。没有政策的支撑，仅仅停留在多方协议的基础上，必然导致人才市场一体化缺乏权威性和稳定性。省级政府应该立即研究制定促进人才市场健全发展的相关政策，并匹配相应的保护和激励措施，同时督促城市群各成员城市出台政策和文件以配合省级政府的政策，在政策制定上实现从各层级政府和各平级政府间的联合。

二是要与区域经济一体化进程紧密相连，与区域合作特色紧密结合。区域经济的发展离不开人力资本的支撑，而人才市场的培育，人才队伍的建设最终也要服务于地方经济的发展，半岛城市群的人才市场一体化也要以促进经济发展，突出地方特色为导向。改善工业结构、加强国际合作，充分利用本地地理位置优势，促进企业转型升级。

三是明确职能分工，充分发挥市场机制的作用。加强与各类中介机构的合作以及相关的监察。

四是完善合作机制，建立人才市场一体化的制度基础。完善校企合作机制，给企业以更优惠的人才政策，进一步发挥区域经济优势，积极促进大学生见习基地建设，为企业和大学生的人才供需提供机制保障；进一步建立健全区域内农民工人才的交流与转接，实现区域内农民工交流的无障碍化。

立足实际、由易到难。山东半岛城市群的人才市场建设起步稳，成立至今也取得了可喜的成果，但还存在很多问题。只有从进一步加强政策支撑，完善合作机制等角度加强人才市场的建设，才能提高半岛城市群人力资本的合理利用。

4.4 本章小结

在全球一体化的今天，国家与国家之间的竞争越来越激烈，其实质就是科学技术的竞争，人才资本的积累和增长是科学技术进步的关键，最终还是人才之间的竞争。人力资源是社会与经济发展的道路上最宝贵也是最重要的战略资源，提高人才资源数量和人才资源的质量是现代社会发展的必然条件，高素质的人才对经济增长与社会的发展可以起到事半功倍的作用。当代的社会，谁能拥有优秀的人才，谁就可以在竞争中占据主导地位。因此，山东省经济的快速发展要由一批"高精尖缺"人才来支撑。

改革开放后，山东省的发展取得了巨大成就，但是与国内其他发展较好的地区相比还是存在一定差距的，虽然产业结构、人文环境、投入的资金、技术的高低、地理环境等也会对其产生一定影响，但最核心的因素其实就是人才资源。"十二五"时期，在山东省开始全面实施山东省中长期人才发展规划纲要（2010年—2020年），目的是培养创新型人才，提高山东省人才队伍的质量，进一步带动山东省经济和社会事业的发展。同时，本文根据收集到的信息可以分析得出山东省的人才资源依然是存在着很多问题的，这些问题成为山东省经济和社会发展的障碍。合理开发并利用现有的人才，树立科学的用人观，为山东省政府解决人才问题提供一些建议，实现经济和社会的全面可持续发展。

第五章 山东省"高精尖缺"人才队伍绩效研究

"高精尖缺"人才作为优质的人力资源是社会建设的重要力量。如何合理地利用这些资源,对"高精尖缺"人才施行有效的激励措施,对充分发挥人才的自身价值至关重要。绩效考核对"高精尖缺"人才的激励作用有着不可忽视的力量,因此本章将对山东省的"高精尖缺"人才队伍的绩效进行相关分析。本章主要从山东省"高精尖缺"人才的业绩考核机制、发现机制、动力机制、员工薪酬满意度与工资强度的关系展开分析研究。

5.1 山东省"高精尖缺"人才业绩考核机制研究

在市场竞争日趋激烈的环境下,随着企业改革发展步伐的加快,企业人才战略实施中"高精尖缺"人才的人力资源管理制度不配套、激励机制不健全等问题日益凸现。企业人才作为工程项目进度、质量、成本控制的执行者,是所有企业的核心人力资源,在企业生产运营中起着不可替代的重要作用。正确评价其履行岗位职责情况以及对企业的贡献,对于留住"高精尖缺"人才并充分调动其工作积极性、创造性,充分发挥其主观能动性,从而促进企业快速发展具有十分重要的意义。因此,建立一套科学有效的人才绩效考核体系,已经成为当前摆在各企业人力资源管理者面前的一项重要课题。本节通过对绩效考核及其相关理论的综合评述,为科学有效地研究制定企业人才管理绩效考核体系提供了理论基础。在对专业技术管理人员绩效考核现状进行深入分析的基础上,指出了存在的问题和原因。针对"高精尖缺"人才工作任务性质和特点,从工作业绩、工作能力和工作行为三方面设计关键考核指标。

5.1.1 山东省"高精尖缺"人才绩效考核体系现状分析——以五征集团为例

通过调查研究,我们发现了五征集团现有绩效考核制度及其指标。经过总结，可得出下表。

表 5-1 "高精尖缺"人才指标构成

内容类别	考核指标	分值（分）	评分标准	考核人及权重	评分结果
工作能力	专业知识	5	最低可为0分，每项最高5分，级差为1分。		
	业务技能	5			
	学习创新	5			
	沟通能力	5			
工作态度	工作纪律	4	最低可为0分，每项最高4分，级差为1分。	自评占30%，直接上级领导占50%，间接上级占20%。	90分以上为优秀；75分~90分为合格；75分以下为不合格
	服从性	4			
	责任心	4			
	抱怨程度	4			
	积极性	4			
工作业绩	完成及时性	10	每项未达到扣5分，月工作少于2项，扣10分		
	工作强度	20			
	工作质量	10			
	有无损失	10			
团队协作	配合程度	10	级差2分		

五征集团对"高精尖缺"人才绩效考核的指标主要从以下四个方面确定：工作的态度、能力、业绩和团队协作。在这四项内容里又分别进行了细化，工作能力方面的考核指标为专业知识、业务技能、学习创新和沟通能力。工作态度这一方面的指标为工作纪律、服从性、责任心、抱怨程度和积极性。工作业绩方面包括完成及时性、工作强度、工作质量和有无损失。团队协作方面主要考核配合程度。

从表 5-1 我们可以看出，总分为 100 分，工作能力为 20 分，其中专业知识占 5 分、业务技能占 5 分、学习创新占 5 分、沟通能力占 5 分；工作态度为 20 分，其中工作纪律占 4 分、服从性占 4 分、责任心占 4 分、抱怨程度占 4 分、积极性占 4 分；工作业绩为 50 分，其中完成及时性占 10 分、工作强度占 20 分、工作质量占 10 分、有无损失占 10 分；团队协作为 10 分，全部分配到配合程度中。

五征集团对"高精尖缺"人才的考核为 360 度绩效考核，但实际上从表 5-1 我们可以看出，考核内容中实施的考核为自我评价、直接上级考核、间接上级考核。缺失了客户和同事对其的考核，实际上不能说是 360 度考核。可以看出此绩效考核注重员工的业绩进行考核。

山东省"高精尖缺"人才绩效考核存在如下问题：

第一，考核制度设计不公平。上面已经分析过，虽然说山东省"高精尖缺"人才绩效考核采用 360 度绩效考核，但却不是真正意义上的 360 度绩效考核，只有自评和上级考核，缺少客户和同事的考核。

第二，考核指标有问题。考核内容虽然包含了工作能力、业绩和团队协作等，但是考评指标还是不全面。当涉及工作业绩时，只对工作强度、完成及时度、工作质量和有无损失进行评价是非常片面的。众所周知，"高精尖缺"人才在研发新产品时，每个人的实力和资历以及研发项目的难度都是有区别的，仅仅对以上四个指标进行考核，就会挫伤"高精尖缺"人才的研发积极性，这不利于公司的长远发展。因此，需要对考评指标进行优化。

第三，考核指标比重不太合理。从评分标准来看，对"高精尖缺"人才的绩效考核着重追求业绩这一方面，但对于"高精尖缺"人才来说，"高精尖缺"人才的研发能力是非常重要的，因此我们应该充分考虑到这一方面，在设计业绩考核制度时，把业绩比重适当降下来，把研发能力比重适当提上去。

第四，考核周期设计不合理。山东省"高精尖缺"人才的考核是每月进行一次考评，周期较短，对于企业中的"高精尖缺"人才来说，"高精尖缺"人才研发项目，短则三两月，长则半年或一年以上。在这样的周期内，对"高精尖缺"人才每月进行业绩考核就不太合理。

第五，绩效考核缺乏可信度。山东省"高精尖缺"人才绩效考核的制度在实施之初就遇到很多问题，而上级管理部门没有在第一时间内将情况上报，而是在实施过程中频繁修改考核制度，因此"高精尖缺"人才就对考核制度不太满意。他们认为企业没有自愿遵守制定的制度，考核制度没有可信力。

第六，考核制度运用的实施效果差。这种考核制度的运用是高度主观的，存在很多问题。在实践中，员工的绩效考核就很难做到公平公正。

5.1.2 "高精尖缺"人才绩效考核体系的改进

下面对山东省"高精尖缺"人才绩效考核体系进行设计。绩效考核体系设计应考虑到多方面的因素，例如公司的发展策略、"高精尖缺"人才的职责、关键绩效评价指标的选择和绩效以及关键绩效评价指标的权重等。下面将从这些角度探讨山东省"高精尖缺"人才绩效考核体系的设计。

（1）五征公司战略解析

山东五征集团在 1961 年成立，改制于 2000 年，现已形成汽车、农用车、环卫装备、农用装备、现代农业和电动三轮车六大产业，总资产约为 105 亿元，员工 14000 余人。

"十五"期间（2001 年—2005 年），五征集团在其技术、产品和管理水平方面进行了提升，近年来企业收入持续增长、经济收益持续增加，在经济方面，各项指标均位于前列。

"十一五"期间（2006 年—2010 年），五征积极推动科技发展和进步，全力提高制造水平和研发能力，在制造业方面实现了由传统向现代的转变。

"十二五"期间（2011 年—2015 年），五征集团全力加快产品升级和调整产业结构，创造各行各业细分市场的领先优势，在产业上形成了多元化、渐进式的发展格局。

当前，五征集团"十三五"规划正在加快实施，坚持国际发展理念，对准国内外优异产品和企业，开展多方位技术和经济合作，创造专业的、附加值高的、独特的产品竞争优势，争取到"十三五"末，使五征集团进入多元化、国际化的产业群。

（2）五征企业"高精尖缺"人才的研发产业板块分析

根据五征企业产业板块作出图 5-2。

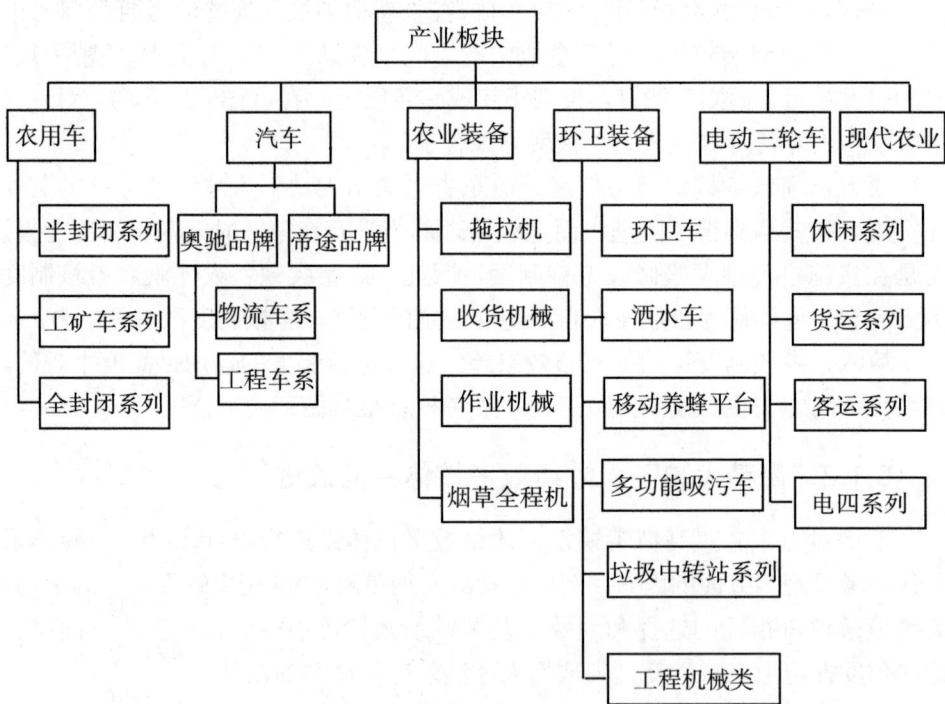

图 5-2 五征企业产业板块图

2006 年来，五征集团加快了产业结构调整与升级，在制造水平和研发能力方面全面提高，在制造业方面实现了由传统向现代的转变，并且把山东拖拉机和浙江飞碟汽车依次收购，现已形成汽车、农用车、环卫装备、农业装备、现代农业和电动三轮车六大产业，总资产约为 105 亿元，员工约 14000人，成为在中国的机械行业中的重点企业。

其中农用车分为半封闭系列、工矿车系列和全封闭系列三种。

汽车分为两个品牌：奥驰品牌和帝途品牌。其中奥驰品牌又分为两个车系，分别为物流车系和工程车系。

农业装备包括拖拉机、收货机械、作业机械和烟草全程机。其中收货机械包括玉米收货机和稻麦收货机。

环卫装备包括环卫车、洒水车、移动养蜂平台、多功能吸污车、垃圾中转站系列、工程机械类。

电动三轮车包括四个系列：休闲系列、货运系列、客运系列和电四系列。

农用车每一系列车型在其产品展示当中都介绍了产品亮点、产品参数、细节图片、在线预定以及相关文章。

作业机械包括青贮机械、植保机械、包膜机械、旋耕机械和犁具。

烟草全程机包括旋耕起垄机、施肥移栽机、喷药覆膜机、烟草浇水车、烟草拖车、中耕喷药机和自走式喷雾机。

由五征企业战略解析得出，公司研发战略的实施可以从四个方面进行：客户项目、员工队伍建设、创新、成本。

（3）五征集团制定绩效考核指标体系的方法

这里运用 KPI 法。通过对五征集团战略分析，岗位职责分析，关键绩效领域分析，将五征集团一级指标细化得到二级指标。由此可得"高精尖缺"人才一级和二级 KPI 指标表。如表 5-3 所示。

表 5-3 KPI 指标表

KPI 一级标号	KPI 一级名称	KPI 二级标号	KPI 二级名称
I1	客户需求	I11	完成质量
		I12	方案数量
		I13	完成及时率
		I14	客户满意度
I2	人才队伍建设	I21	行业技术讨论
		I22	人岗匹配
		I23	团队精神
		I24	研发氛围
I3	研发创新	I31	立项数量
		I32	技术、难度等级
I4	成本	I41	技术收益
		I42	技术服务度

（4）考核指标的权重计算

从以上考核指标中，我们列出了 12 个关键绩效指标。根据对 KPI 指标表进行分析，我们可以得出：根据 KPI 法，对五征集团"高精尖缺"人才进行考核时，可从客户需求、人才队伍建设、研发创新和成本四个方面进行考核。这四个方面称之为 KPI 的一级名称。在以上四个方面中还各自包含细分考核项目，我们把他们称之为 KPI 二级名称。其中 KPI 一级名称客户需求中包含的二级名称有完成质量、方案数量、完成及时率和客户满意度。人才队伍建设下包含人岗匹配、团队精神、研发氛围和行业技术讨论。研发创新下包含立项数目和技术、难度等级。成本包括技术收益和技术服务度。下面我们举例对"高精尖缺"人才运用关键绩效考核法进行绩效考核，如下表 5-4。

表 5-4 "高精尖缺"人才考核指标的权重分析表

KPI 一级标号	KPI 一级名称	权重分（最高为 10 分）	KPI 二级标号	KPI 二级名称	权重分（最高为 10 分）
			I11	完成质量	16%
I1	客户需求	32%	I12	方案数量	32%
			I13	完成及时率	25%
			I14	客户满意度	27%
			I21	行业技术的讨论	49%
I2	人才队伍建设	16%	I22	人岗匹配	15%
			I23	团队精神	23%
			I24	研发氛围	13%
I3	研发创新	35%	I31	立项数量	45%
			I32	技术、难度等级	55%
I4	成本	17%	I41	技术收益	43%
			I42	技术服务度	57%

对"高精尖缺"人才每个月评分公式如下：设满分 100 分，则 I1 为 32 分，I2 为 16 分，I3 为 35 分，I4 为 17 分。再将一级指标分值分配到二级指标去，得到二级指标分值。取整数，得下表 5-5。

表 5-5 "高精尖缺"人才考核分值表

KPI 一级标号	KPI 一级名称	分数	KPI 二级标号	KPI 二级名称	分数
			I11	完成质量	5
I1	客户需求	32	I12	方案数量	10
			I13	完成及时率	8
			I14	客户满意度	9
			I21	行业技术的讨论	8
I2	人才队伍建设	16	I22	人岗匹配	2
			I23	团队精神	4
			I24	研发氛围	2
I3	研发创新	35	I31	立项数量	16
			I32	技术、难度等级	19
I4	成本	17	I41	技术收益	7
			I42	技术服务度	10

设满分为 100 分，根据一级指标权重得出，客户需求占 32 分，人才队伍建设占 16 分，研发创新占 35 分，成本占 17 分。根据二级指标在一级指标中占得权重再分别得出二级指标分数。其中，完成质量占 5 分、方案数量占 10 分、完成及时率占 8 分、客户满意度占 9 分、行业技术讨论占 8 分、人岗匹配占 2 分、团队精神占 4 分、研发氛围占 2 分、立项数量占 16 分、技术难度等级占 19 分、技术收益占 7 分、技术服务度占 10 分。

选取五征集团"高精尖缺"人才对上述绩效考核体系进行验证。经过上述考核体系考核得知，该"高精尖缺"人才在客户需求方面，完成质量为 5 分，方案数量为 9 分，完成及时率为 8 分，客户满意度为 9 分，所以客户需求为 31 分。人才队伍建设方面，行业技术讨论为 6 分，人岗匹配为 2 分，团队精神为 4 分，研发氛围为 2 分，所以人才队伍建设为 14 分。研发创新方面，立项数量为 12 分，技术难度等级为 15 分，所以研发创新方面总分为 27 分。成本方面，技术收益为 6 分，技术服务度为 9 分，所以成本方面总分为 15 分。该"高精尖缺"人才绩效考核总分为 87 分。经验证，该考核体系合适。

以往绩效考核体系不合理，所有成员共用一套绩效考核体系，不利于"高精尖缺"人才积极性的提高，而且考核指标对"高精尖缺"人才来说缺乏合理性和科学性。考核内容虽然包含了工作能力、业绩和团队协作等，但是考评指标还是不全面，通过运用关键绩效指标法确定了对五征集团"高精尖缺"人才的绩效考核指标后，可以更加科学合理地对"高精尖缺"人才进行绩效考核。有利于绩效考核制度的顺利、有效实施，调动"高精尖缺"人才的生产积极性，提高集团收益。

5.2 山东省"高精尖缺"人才的发现机制研究

5.2.1 山东省"泰山学者"的人才现状

截至到 2018 年 4 月，全省共遴选泰山学者 1166 名、泰山产业领军人才 529 名，其中有 49 位在鲁两院院士，205 位"千人计划"专家，176 位国家百千万人才工程人选，3260 位享受特殊津贴专家，1297 位有突出贡献的中青年专家，1359 位齐鲁首席技师，290.6 万名高技能人才。66 名获得中国政府"友谊奖"的专家。402 位获得"高层次高技能人才服务绿卡"。23 个国家级高技能人才培训基地，12 家省级以上人力资源服务产业园，130 个博士后创新实践基地，7 个山东省技工教育特色名校。

从山东省教育厅、山东省人民政府办公厅、省委组织公报、山东省信息统计网统计公报等相关文件查阅中，可知近十年"泰山学者"的数量变化。由图 3-2 显示的 2007—2017 泰山学者数量可以观察出，"泰山学者"数量在 2009 年至 2012 年间数量较前两年有所下滑，整体趋势为增长缓慢；2012 年至 2017 年"泰山学者"的增长速度非常惊人，但整体增长趋势逐渐平稳。

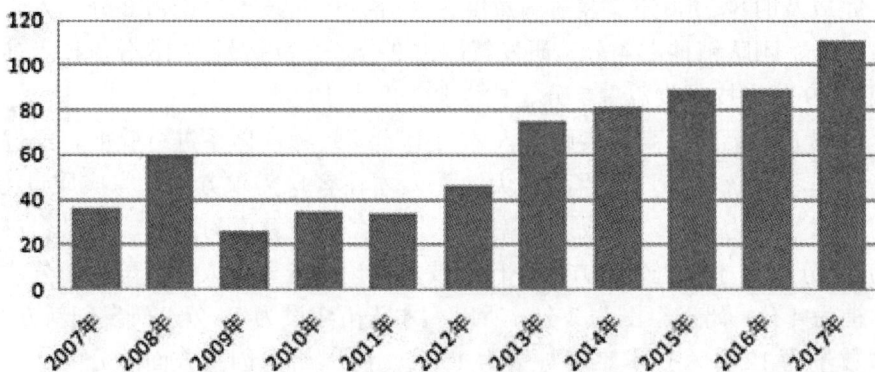

图 5-2 2007 年 -2017 年泰山学者数量

经过上述对"泰山学者"的研究，已经对"泰山学者"的人才现状有非常明确的了解，为了使我们的研究更加全面，下面我们对"长江学者"的人才现状进行研究。

5.2.2 "长江学者"的人才现状

"长江学者"是 1998 年由中国教育部和李嘉诚香港基金会筹资打造的跨世纪拥有创造性的"高精尖缺"人才计划。"长江学者"的主要内容包括施行特聘教授岗位制度、设立"长江学者成就奖"以及 2004 年新增的"长江学者创新团队发展计划"。

根据山东教育厅、山东省人民政府办公厅、中国信息统计网统计公报等相关文件的查阅，我们得出了近十年"长江学者奖励计划"人员数量的柱状图，可以看出，2007 年至 2012 年期间人员数量增长缓慢，且有增长速度下降的趋势，但 2014 年至今为止，人员数量的增加大幅提升，且增长速度逐渐增加。

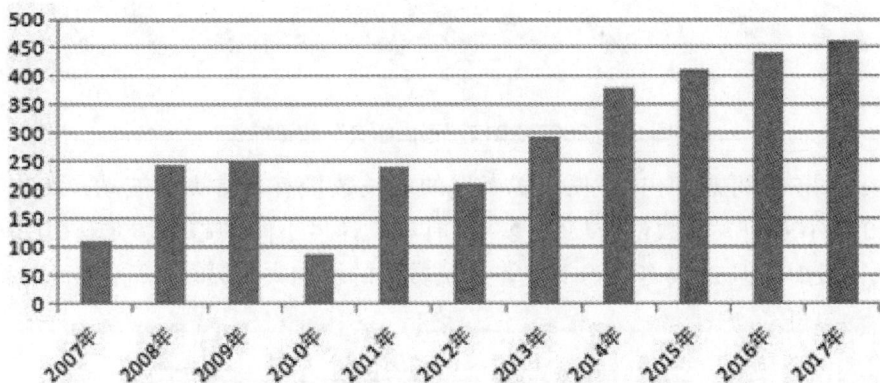

图 5-3 2008 年 –2017 年"长江学者"数量

5.2.3 "泰山学者"及"长江学者"的对比分析

结合图 5-2 及图 5-3 相关数据，可以看出两者在入选数量上总体趋势为增加，但"长江学者"每年增长数量多达"泰山学者"的 4 倍。这说明"泰山学者"的增长速度比较慢；由于两者数量之比为 4∶1，所以两者的数量折线图若同处一图，"泰山学者"的数量走势观察不清晰。

表 5-6 2007 年 –2017 年"泰山学者"与"长江学者"数量

类别	2007	2008	2009	2010	2011	2012	2013	2014	2015	2016	2017
泰山学者	36	60	26	35	34	46	75	81	89	89	111
长江学者	202	244	252	86	241	210	294	378	412	440	463

由图 5-4 可观察到"泰山学者"2007—2008 年数量增幅较大，但从 2009—2012 年间数量较前两年不仅有所下滑，且整体趋势为增长缓慢；2012 年至 2017 年"泰山学者"的增长速度非常惊人，但整体增长趋势逐渐平稳。

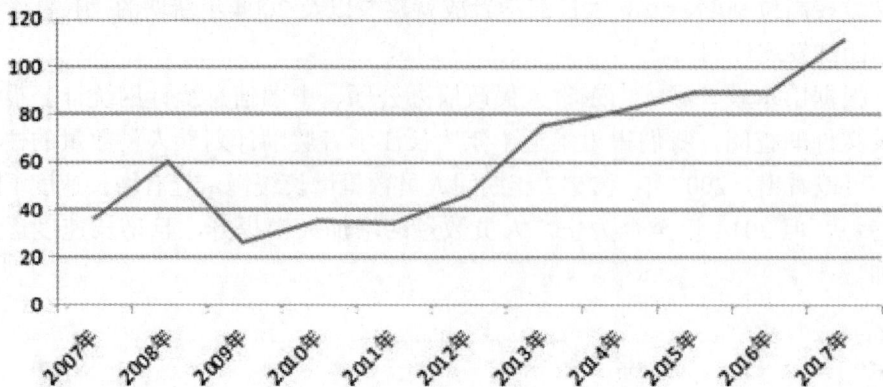

图 5-4 2007-2017"泰山学者"数量增长

由图 5-5 可观察出，"长江学者"的增长数量有非常大的波动，2007 年至 2012 年期间人员数量增长缓慢，且有增长速度下降的趋势，尤其 2010 年增长得最少，但 2014 年至今为止，人员数量的增加大幅提升。

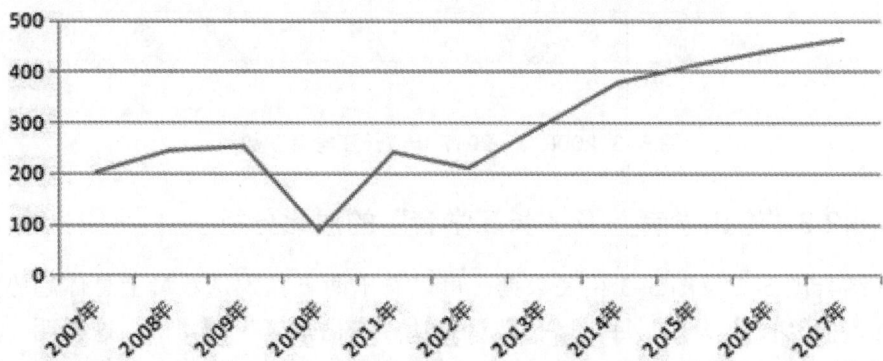

图 5-5 2007—2017"长江学者"数量增长

由图 5-6 可以观察到两者 2008 年—2017 年人数的同比增长率的总体变化趋势类似，两者的增长率波动都非常大，皆为增长率先降低再增加之后再降低，以此循环。

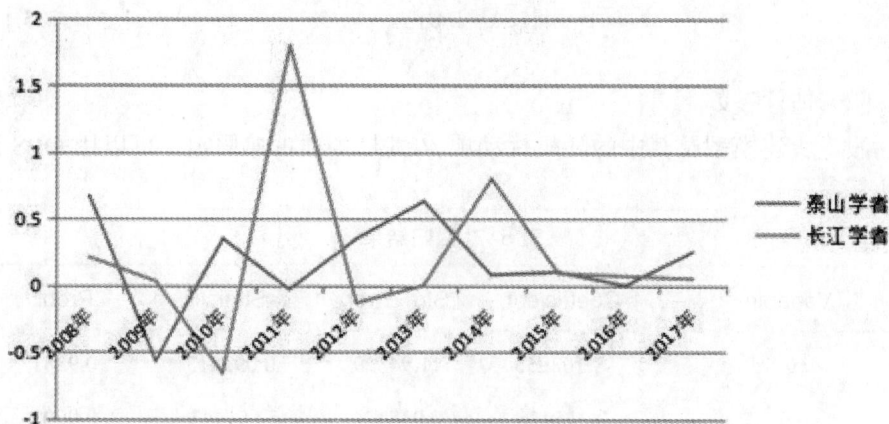

图 5-6 2008 年 –2017 年"泰山学者"与"长江学者"同比增长率

5.2.4 简单线性回归模型及预测

（1）利用 EViews 作简单线性回归分析

为了初步分析 2007 年—2017 年"泰山学者"（Y）与"长江学者"（X）每年增加的数量关系，以 X 为横坐标，以 Y 为纵坐标作散点图。

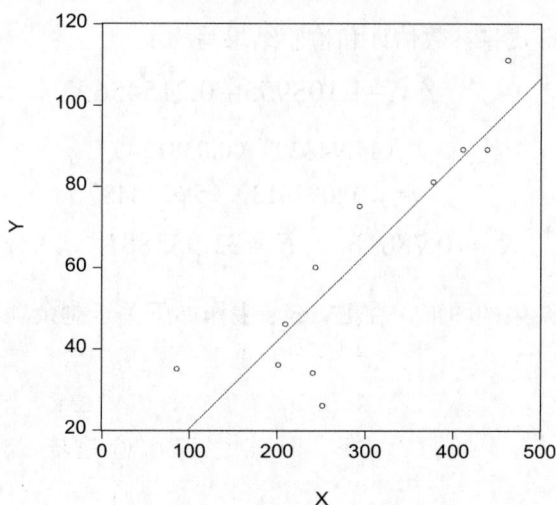

图 5-7 2007 年—2017 年"长江学者"与"泰山学者"增加数量散点图

从散点图可以看出，"泰山学者"每年的数量随着"长江学者"数量的增加而增加，近似于线性关系。为分析两者的数量规律性，可以考虑建立如下简单线性回归模型。

$$Y_t = \beta_1 + \beta_2 X_t + \mu_t \qquad (5.1)$$

（2）估计参数

假定所建模型及其中的随机扰动项 μ_i 满足各项古典假定，可以用 OLS 法估计其参数。

表 5-7 回归结果

Variable	Coefficient	Std. Error	t-Statistic	Prob.
C	-1.108955	11.94829	-0.092813	0.9281
X	0.215456	0.038124	5.651443	0.0003

R-squared	0.780160	Mean dependent var		62.00000
Adjusted R-squared	0.755733	S.D. dependent var		28.52017
S.E. of regression	14.09563	Akaike info criterion		8.292572
Sum squared resid	1788.181	Schwarz criterion		8.364917
Log likelihood	-43.60915	Hannan-Quinn criter.		8.246969
F-statistic	31.93881	Durbin-Watson stat		3.147456
Prob（F-statistic）	0.000313			

可用规范的形式将参数估计和检验结果写为：

$$Y_t = -1.108955 + 0.215456 X_t \qquad (5.2)$$

$$（11.94829）（0.038124）$$

$$t=（-0.092813）（5.651443）$$

$$R^2 = 0.78016 \qquad F = 31.933881$$

为显示回归结果的图形，在 EViews 中作如下关于剩余项、实际值、拟合值的图形。

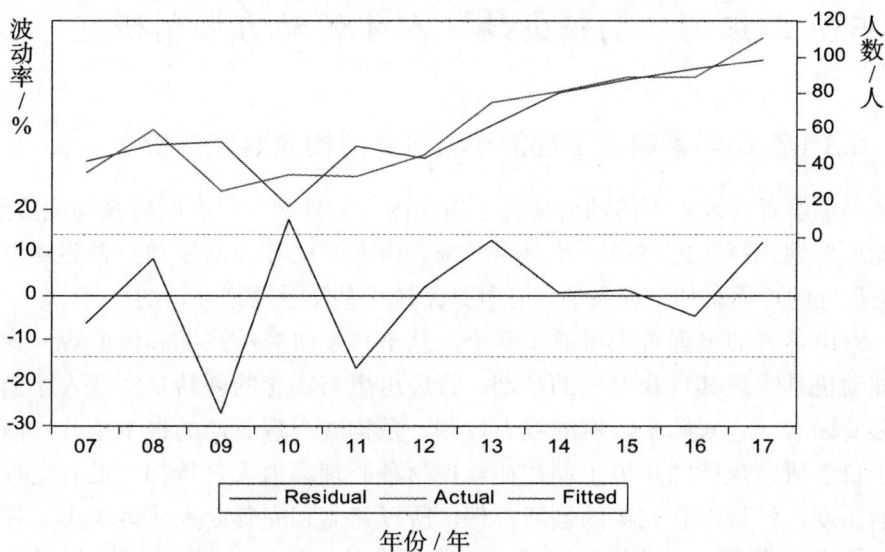

图 5-8 剩余项、实际值、拟合值图形

（3）回归预测

如果 2018 年"长江学者"能增加 500 人，利用所估计的模型可预测"泰山学者"在 2018 年增加数量。下面用 EViews 作回归预测：经预测，2018 年"泰山学者"的增加数量为 107 人。下图 5-9 为我们的预测值及标准误差模型。

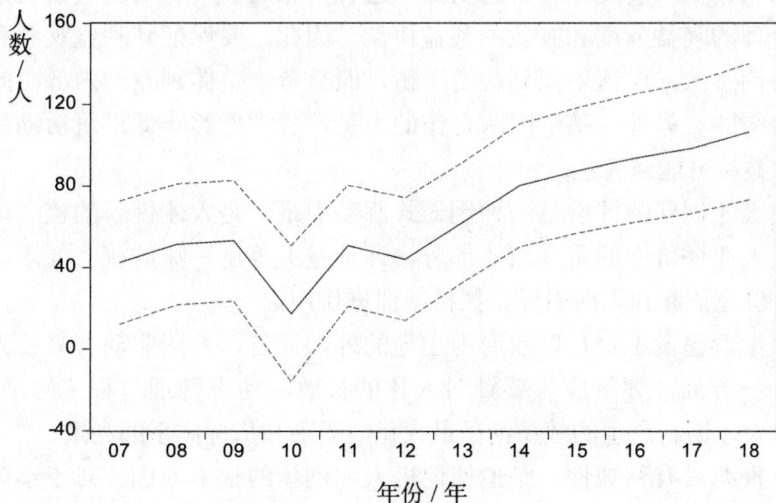

图 5-9 预测值及标准误差

5.3 山东省"高精尖缺"人才的动力机制研究

5.3.1 泰山学者建设工程的动力机制的构成要素分析

泰山学者建设工程的动力来自于组织内部和外部，只有明确其构成要素，才能更好地选择实施路径。动力因素分为内部驱动和外部驱动，各驱动齿轮不是孤立的，而是相互联系的，在复杂系统中甚至是网络互动的。

泰山学者的出现首先得益于其个人从事科学研究的兴趣和价值观，这一心理动机是实现其自我发展的基础。管理思想与观念的创新是实现人才创新的必要因素，它来源于政府的权力控制，是构成心理驱动的根本条件，但有悖于科学研究规律的积极主动往往会使这种心理动力大打折扣。没有完善的政治制度，就难以有完美的创新心理，所以建立和完善以人才诉求为主导的制度体系，强化"法治"治理能力，将更有益于催生这种心理驱动。同时，重视文化建设等非制度性动力因素，将制度与文化有机融合，注重创新精神的培养传承，创造良好的内部环境，才能使这种心理驱动常保生命力。

泰山学者建设工程是一种学识及身份的肯定，必然会导致人的利益的调整。利益驱动是人才培养创新的重要保障，而完善泰山学者建设工程结构的核心要义在于内部利益平衡机制。不同参与者有着不同的利益诉求，基于协同创新的利益驱动前提，应首选明确该过程中相关参与者及其利益关系，以便进行合理的利益分配和有效的利益协调。因此，要保证其利益观念和利益关系的协调一致，保证不同利益的平衡，而只考虑整体利益的内部协同创新是无法持久的。另外，基于团队合作的力量，通常能够降低科研活动的风险性，使收益尽可能最大化。

面向人才创新的评价是一种倒逼式驱动力量，是人才创新的核心动力因素，也是人才评价中的重要组成部分。评价并不等于一味的权力要求，科学合理地评价应该起到正向引导、扶持、促进作用。

泰山学者建设工程是以政府为主导的外部评价，共同驱动着高校人才创新绩效。一方面，评价应主要针对人才的长效、动态管理过程；另一方面，评价应对人才创新产生的效益给予最大化的激励和指标体系的侧重。

科技资源具有稀缺性，是迫使促进人才创新的根本原因。对于泰山学者建设工程而言，个人创新能力的有限性必然使其受到政策环境、人文环境、网络环境的调节，其中主要是政府的调控作用。以泰山学者角色而言，内部环境与内部评价是其主动因，外部环境与外部评价是其次动因，且外部环境与外部评价共同形成外部驱动力。

5.3.2 泰山学者建设工程的动力机制

优先为设置"泰山学者"特聘教授岗位的学科安排研究生招生计划，支持"泰山学者"特聘教授培养更多的"高精尖缺"人才。营造"尊重特点、宽容失败、鼓励创新"的学术氛围，推动学术上的百花齐放，支持"泰山学者"特聘教授的学术创新。为"泰山学者"特聘教授及所带团队提供岗位津贴和科研补助。为保证"泰山学者"建设工程的顺利实施，激励"泰山学者"特聘教授全身心地投入学术研究，省财政和设岗学校每年列专项资金支持"泰山学者"建设工程。在第一期工程实施中，省财政每年给予每位"泰山学者"特聘教授 10 万元、所带学术团队 5 万元岗位津贴，每年为每位"泰山学者"特聘教授提供 5 万元科研补助经费。获准设置"泰山学者"特聘教授岗位的高等学校要配套部分经费，每年给予每个"泰山学者"特聘教授所带学术团队提供 5 万元岗位津贴配套经费，每年为每位自然科学类特聘教授提供 15 万元、每位人文社会科学类特聘教授提供 5 万元科研配套经费，5 年间为"泰山学者"特聘教授所在的自然科学类学科提供 200 万元、人文社会科学类学科提供 50 万元的学科建设经费。同时，学校还要从科研场地、科研条件、人员聘用等方面对设岗学科给予重点支持。"泰山学者"建设工程实行考核评估制度。考核的内容主要包括："泰山学者"特聘教授和学术骨干的岗位职责履行情况与工作任务完成情况，学科建设情况和设岗学校支持措施的落实情况等。考核工作遵循实事求是、客观公正、简便易行，努力建设良好的政策环境、学术环境、人文环境和舆论环境，为"泰山学者"特聘教授施展才华提供广阔的舞台。用制度和协约的方式赋予"泰山学者"特聘教授在学科建设、人才培养、科学研究和学术队伍建设中的自主权。同等条件下优先支持"泰山学者"特聘教授的科研立项、科学研究、成果推广、著作出版，为他们多出成果、快出成果提供条件。

5.4 员工薪酬满意度与绩效工资强度的关系研究

绩效工资是以个人、团队或组织的绩效为条件的薪酬。由于绩效工资把个人的收入与团队和组织的绩效联系在一起，从而实现了个体利益、团队利益和组织利益的有效捆绑，在一定程度上避免了个体目标与组织目标背离的现象。与此相应，绩效工资体系的激励效果变量可以体现在组织和个体两个层面。由于个体是组织构成的基本单元，绩效工资在组织层面引起的结果变化必然要通过个体层面上的态度和行为变化反映出来。薪酬满意度是反映员工对组织薪酬体系态度的关键变量，而绩效工资强度是绩效工资体系的一个重要特征，因此，探讨绩效工资强度对员工薪酬满意度的影响就成为探讨绩效工资激励效果的一个重要方面。

5.4.1 绩效工资的影响因素

绩效工资已经被企业普遍接受，有大量的研究探讨绩效工资的激励效果及其影响因素。Heneman 等以医务人员为样本的实证研究表明，即使在控制了薪酬水平、薪酬增长、绩效等级、工作资历、工作满意度等变量后，员工感知的绩效工资与薪酬提升满意度、薪酬水平满意度以及整体薪酬满意度之间存在显著的正相关关系。绩效工资强度本身就是员工对组织绩效工资的一种感知，会与相关的态度变量有很高的相关性，容易产生同方向偏差问题。

工作绩效强度是一个相对比例值，通过实证研究表明，绩效工资的实施使得员工的总体满意度、薪酬满意度、工作满意度和工作时数满意度增加。绩效工资基于绩效，因此会使能力强和能力弱的员工在收入水平上产生差距。绩效工资的强度越大，越可能使这种差距加大。适度的差距可能会使能力较差的员工产生紧迫感和危机感。

不同工作岗位的绩效指标不同，但是绩效指标性质存在共性。首先确定组织发展战略目标，分析战略目标实现的战略因素，然后提炼出岗位任职者必须具备的、由组织文化和战略决定的行为特征。界定目标岗位的绩优标准，从而对获取高绩效工作者的绩效行为进行提炼。选取样本组，采用行为事件访谈法对企业的不同岗位员工进行访谈，让员工对过去工作的某一事件的环境、承担的责任、完成的任务和最终结果进行叙述，考评者对被访谈者的行为表现进行观察，分析出决定工作绩效强度的要素。最终根据某企业的岗位工资和绩效工资的比例和访谈结果表明，决定工资绩效强度依据的是岗位为企业创造利润的多少。该工作岗位对企业的重要性程度决定了绩效工资强度。

表 5-8 管理及技术系列岗位员工岗位工资、绩效工资的比重系数

序号	岗位名称	岗位 绩效比例	绩效工资比例系数	岗位工资比例系数
1	公司高层管理人员	5：5	0.5	0.5
2	6 级~7 级的经营类员工	6：4	0.4	0.6
3	工程管理员工	7：3	0.3	0.7
4	其他员工	9：1	0.1	0.9

决定着一个人的工作满意度的根本因素，是人们的各种需要和价值观。

理查德·哈克曼、爱德华·劳勒等学者在进行大量工作分析的基础上,提出了工作由"技能多样性、任务完整性、任务重要性、工作自主性和工作结果反馈五个核心"因素构成的学说。

Herzberg影响工作满意度的因素分为物理环境因素、社会因素和个人心理因素:物理环境因素包括工作场所的条件、环境和设施等;社会因素是指员工对工作单位管理方面的态度,以及对该单位的认同、归属程度;个人心理因素则包括对本职工作意义的看法、公平的报酬态度以及上司的领导风格等。在我国,许多学者根据国外学者的研究进行了工作满意度维度的本土化研究。比如,俞文钊(1997)通过对128名合资企业的员工进行研究发现,影响员工总体工作满意度的因素主要有个人因素、领导因素、工作特性、工作条件、福利待遇、报酬工资、同事关系七个。邢占军(2001)通过对国有大中型企业职工的研究表明,工作满意度主要由物资满意度、社会关系满意度、自身状况满意度、家庭生活满意度、社会变革满意度等五个维度构成;卢嘉、时堪(2000)认为我国企业员工的工作满意度包括五个因素:领导行为、管理措施、工作回报、工作协作、工作本身。

员工的工作岗位不同,对工作满意度的要求条件也不同。对于绩效工资强度大的职位,他们更加关注自己的职业生涯规划、自我价值实现、工作本身和绩效薪酬等因素。对于绩效工资强度低的岗位,员工更加关注基本薪酬、工作强度和人际关系。

以往规律表明,绩效工资强度与不同工作岗位有一定的关系,同时对绩效计划的选用有一定的规律。根据组织理论,在组织中,随着岗位重要性逐步提高,员工的职责内容越来越多,相应地所拥有的权力也越来越大,员工感知到自己对绩效控制的程度也越来越强。例如管理人员与普通的员工相比,高层管理人员更能感知到对自己的绩效,以及组织绩效的影响和控制,因此更容易接受与自己绩效和组织绩效挂钩的绩效工资。高层管理人员因其管理职位而使其拥有较大的权力。因此,与普通的员工相比,高层管理人员更能感知到对自己的绩效以及组织绩效的影响和控制,更容易接受与自己绩效和组织绩效挂钩的绩效工资。员工对某种薪酬体系越是偏好,则在该薪酬体系下其薪酬满意度会越高。同时,由于职位层次较高的员工拥有的权力较大,权力使用的结果会因对权力使用的激励强度不同而有较大的差异,较大的绩效工资强度会激励职位层次较高的员工充分、合理地使用所掌握的资源,因为正确运用权力的结果会使其绩效较高,收入也较高,相应的薪酬满意度也较高。因此,与职位层次较低的员工相比,职位层次较高的员工可能会偏好较大的绩效工资强度。

5.4.2 实证检验与分析

（1）调研的基本情况

笔者在华中、华南及华东地区选取了 14 家企业（4 家国有企业、5 家私营企业、5 家外资企业）进行问卷调查，共发放问卷 570 份，收回有效问卷 506 份，有效率为 89%。在样本结构中，男性比例较大，占 57%；年龄在 30 岁及以下的占 34.2%，在 31~40 岁之间的占 47.9%，在 41~50 岁之间的占 14.9%，51 岁及以上的占 3%；专科以下学历占 29.1%，专科学历占 42.8%，本科及以上学历占 28.1%；职位类型中，一般员工占 78.8%，中高层员工占 21.2%，家庭经济负担数据采用被试主观判断的方式，分为三级，其中家庭经济负担轻的占 16%，负担一般的占 58.7%，负担重的占 25.3%。

（2）信度分析

不同类型的企业和不同职位的员工的绩效工资强度、薪酬水平和薪酬满意度的均值与标准差见表 5-9。单因素方差分析和 T 检验的结果表明，在薪酬水平相当（$F=0.11$，$p>0.05$）的情况下，三种类型企业的绩效工资强度之间存在显著差异（$F=116.85$，$p<0.001$），国有企业的绩效工资强度显著高于私营企业和外资企业，但员工的薪酬满意度却显著低于私营企业和外资企业（$F=3.736$，$p<0.05$）；中高层管理者的绩效工资强度与一般员工的绩效工资强度基本相当（$t=-1.04$，$p>0.05$），但中高层管理者的薪酬水平和薪酬满意度却显著高于一般员工（$t=-9.42$，$p<0.001$；$t=-6.47$，$p<0.001$）。

表 5-9 绩效工资强度、薪酬水平和绩效满意度的均值与标准差

		薪酬满意度		绩效工资强度		薪酬水平	
企业类型	国企	2.82	0.57	0.59	0.19	1.99	1.28
	外资	2.98	0.55	0.37	0.20	2.00	1.61
	私营	2.89	0.49	0.30	0.14	2.06	1.16
职位类型	一般工作岗位	2.82	0.54	0.41	0.22	1.65	0.98
	管理岗位	3.19	0.42	0.43	0.21	1.78	3.19

使用 SPSS13.0 软件对研究数据进行如下处理：一是检验薪酬满意度问卷的信效度；二是运用曲线估计探讨绩效工资强度和薪酬满意度之间的关系。

表 5-10 主要变量的均值和方差

主要变量	性别	年龄	教育程度	家庭经济负担	薪酬水平	职位类型	薪酬满意度	绩效工资强度
均值	0.43	1.87	2.01	2.09	2.02	0.21	2.90	0.41
标准差	0.50	0.77	0.80	0.64	1.38	0.41	0.54	0.22

从表 5-10 可以看出,样本总体的绩效工资强度均值为 0.41,薪酬满意度的均值为 2.90,属于中等满意。教育程度、薪酬水平与薪酬满意度显著正相关($B=0.12$,$p<0.05$;$B=0.16$,$p<0.01$),家庭经济负担与薪酬满意度显著负相关($B=-0.24$,$p<0.01$),职位类型与薪酬满意度有显著正相关关系($B=0.29$,$p<0.01$),而绩效工资强度和薪酬满意度之间的线性相关不显著。

由研究结果表明,工作绩效强度与员工薪酬满意度之间不成线性关系,呈现倒 U 型关系。对于每个工作岗位来说,都存在或多或少的可变薪酬,可变薪酬对调动员工的积极性具有很大作用,并且能够使员工感受到薪酬分配的公平性,体现了多劳多得的原理。但每一份岗位的工作绩效强度不同,这与工作岗位本身的性质有关,当该工作岗位能为企业创造更多利润时,该工作岗位的绩效强度就大,企业会为了充分调动员工的积极性,实现企业的战略目标,给予员工更多的可变薪酬,可变薪酬对员工而言还具有福利的作用。对于员工工作绩效变化不明显的岗位,该岗位的可变薪酬强度相对较低。员工更加在意基本薪酬,当基本薪酬过低时,会影响员工的薪酬满意度,该岗位的员工对于工作绩效强度给予的关注度低。

通过绩效工资强度对员工满意度的影响调查发现,我们可以将绩效工资强度与绩效计划相联系。绩效工资强度只对特定管理人员、技术开发人员等有较大影响,我们可以对这些工作岗位进行问卷调查,测量出最优的绩效工资强度值。充分调动员工积极性的同时,也有利于调节企业的劳动成本。对于一般工作岗位,绩效工资强度对他们的影响不大,我们应该从其他的调查过程中,探索适合一般员工的绩效奖励方式。

5.5 本章小结

通过对山东省"高精尖缺"人才绩效考核制度的分析，发现其中存在的问题，通过关键绩效指标法确定了绩效考核的指标，对五征集团"高精尖缺"人才建立了新的绩效考核指标体系。运用推拉理论，对山东省发展和培养"高精尖缺"人才而提出的泰山学者计划的动力机制展开研究。引进"高精尖缺"人才有利于促进我国经济值增长、提升区域竞争能力以及转变经济发展方式，因此我们必须要构建一套科学的动力机制，提高山东省人才的吸引力。在进一步分析人力资本理论以后，分析山东省发展和培养"高精尖缺"人才的背景和发展过程理论假设分析来研究绩效工资强度和员工薪酬满意度的关系，构建模型确定产生差异的指标要素特征。结果表明，绩效工资强度与员工薪酬满意度呈现先递增，达到最大均衡值再下降的关系。在工作中，企业对每一个工作岗位都应找到最大的均衡值，有利于企业控制员工成本，并充分调动员工的积极性，使企业有效达到企业目标。同时也表明，绩效工资强度大，绩效奖励计划对员工的影响程度大；绩效工资强度小，可变薪酬变动水平对员工影响程度小。

第六章 山东省"高精尖缺"人才投入产出效率对比研究

中国经济新常态下，经济增长必须要从要素与投资推动经济增长向创新推动经济增长转变，才能缓解经济下行压力。这就要求重视人力资本的培养与提高，中国是一个人口大国，但是人力资本水平较低。《国家中长期人才发展规划纲要（2010—2020 年）》曾说道：当前我国人才发展的总体水平同世界先进国家相比仍存在较大差距，与我国经济社会发展需要相比还有许多不相适应的地方。

环渤海经济区是中国的经济隆起带，在经济规模与经济增长速度方面都在全国处于领先的地位，对中国经济增长有着重要的作用。同时，环渤海经济区也是中国人才积聚的重要地区之一，该地区在人才的数量规模与质量素质、人才吸引能力与人才培养能力上都在全国居于领先的位置，山东省也位于环渤海经济区。但近几年，环渤海经济区的经济增长也有下行趋势，这与其内在的人才资源结构分配不合理、人才资源的利用效率低有着密切的联系。"高精尖缺"人才的利用效率低，势必会影响到环渤海经济区经济增长的动力，也会对山东省人才利用效率产生消极的影响。

DEA 的方法本质上是线性规划，对于数据数量的要求不高，得到的结果具有稳定性。另外，对于"高精尖缺"人才的研究大多基于科技人才角度，或者是利用柯布道格拉斯函数研究。对于环渤海经济区的"高精尖缺"人才的研究也较少，所以本文利用 DEA 的静态与动态方法相结合的方式，选取就全国而言有代表性的环渤海经济区，对环渤海经济区的"高精尖缺"人才投入产出效率进行测算，将山东省的相关指标与环渤海经济区的其他各个地区进行对比。可以对该地区"高精尖缺"人才效率进行客观的评价，有利于环渤海经济区以及山东提高"高精尖缺"人才的投入产出效率，促进"高精尖缺"人才队伍建设。对环渤海经济区中各个省份尤其是山东省与各个产业合理分配"高精尖缺"人才资源，制定合理的人才发展战略，探索"高精尖缺"人才的开发机制，促进经济增长有重要的意义。

6.1 基于 DEA-BCC 模型的静态分析

6.1.1 "高精尖缺"人力资本指标选取

环渤海经济区一般指渤海以及黄海沿岸经济地区组成的区域，是中国对外开放战略中的重要地区。它包括的省份主要有北京、天津、河北、山西、内蒙古、辽宁、山东。本文主要采用 DEA 模型，DEA 模型对于数据的数量要求不高，但需找出投入指标以及产出指标，所以本文选取上述省份 2013 年—2017 年的相关数据作为指标。

经济增长理论认为，物质资本以及人力资本是推动经济增长的重要动力。所以，本文也选取物质资本指标以及"高精尖缺"人力资本指标作为投入指标。许多学者在选取物质资本指标上，一般找一个基期，选取折旧率，计算物质资本存量。每个人计算的口径不一样，并且计算过程中选取的基期、折旧率等都不同，计算的结果往往有较大差异。所以，本文选取各个省份每年的全社会固定资产投资总额作为物质资本的投入指标，数据来源于中国统计局。

对于"高精尖缺"人力资本的选择，本文先通过《中国人口和就业统计年鉴》整理出各个年份各地区人员受教育程度的指标，再根据各个省份的统计年鉴找出每年各地区的年末一般从业者人数，用年末一般从业者人数乘以专科、本科、研究生及以上人数所占百分点得出"高精尖缺"人力资本指标。对于人力资本的计算，有不同的方法，有工资福利法、受教育年限法等等，这些方法的计算使得各个研究者在计算人力资本的时候，结果往往有很大不同。另外，环渤海经济区经济发达，人员的流动性大。再结合中国的实际，许多人学校所学专业与工作内容也有很大不同，用大部分学者所热衷的受教育年限法来计算人力资本存量，虽然统计上可以说得过去，但笔者认为就理论上来说有点牵强。由于 2017 年的各地区就业人员受教育程度数据缺失，并且由于选取的时间段为 2013 年—2017 年，样本数量较少，所以本文利用 GM（1，1）模型。GM（1，1）模型可以利用少量的样本在短期内进行较为精确的预测。利用该模型，再根据各个省份历年的"高精尖缺"人才数进行预测，得出的数据即为 2017 年各个省份的数据。

对于产出指标的选择，本着数据获取的便利性，选取各个省份每年的 GDP 作为产出经济指标。

对于投入指标和产出指标的选择，本文皆选取流量指标，避免了许多学者研究时流量与存量指标在一起混用的情况。

6.1.2 "高精尖缺"人才静态 BCC 模型

BCC 模型可以在规模报酬可变的情况下，将技术效率（TE）分解为纯技术效率（PTE）和规模效率（SE），用静态 BCC 模型可以侧重于分析某一时点上，环渤海经济区各个省份之间的"高精尖缺"人才投入产出效率。

设有 N 个决策单元，共有 m 种投入以及 n 种产出，投入和产出可以分别记为 $x_j = (x_{1j}, x_{2j}, ..., x_{mj})$，$y_j = (y_{1j}, y_{2j}, ..., y_{nj})$。

BCC 一般公式可以记为：

$$\left(BCC \right) \begin{cases} \min \theta \\ \mathrm{S.t.} \sum_{j=1}^{N} \lambda_j x_j + S^- = \theta x_0 \\ \sum_{j=1}^{N} \lambda_j y_j - S^+ = y_0 \\ \sum_{j=1}^{N} \lambda_j = 1, \ \lambda_j \geq 0 \\ S^- \geq 0 \\ S^+ \geq 0 \end{cases}$$

(6.1)

S^+ 为剩余变量，S^- 为松弛变量，$\theta \in \left[0, 1\right]$，为决策单元的综合效率值。$\theta = 1$，决策单元有效，若不等于 1，则决策单元无效。

6.1.3 "高精尖缺"人才纯技术效率分析

利用上文所找出的数据，通过计算，可以得到如下结果。

表 6-1 2013 年—2016 年 BCC 模型分析结果

	地区	2013				2014			
		综合效率	纯技术效率	规模效率	规模报酬	综合效率	纯技术效率	规模效率	规模报酬
1	北京	1	1	1	不变	1	1	1	不变
2	天津	0.844	1	0.844	递增	0.765	0.981	0.781	递增
3	河北	0.97	0.994	0.976	递减	0.879	0.879	1	不变
4	山西	0.811	1	0.811	递增	0.759	1	0.759	递增
5	内蒙古	1	1	1	不变	1	1	1	不变
6	辽宁	0.999	1	0.999	递减	1	1	1	不变
7	山东	1	1	1	不变	0.999	1	0.999	递减

（续表）

地区		2015				2016			
		综合效率	纯技术效率	规模效率	规模报酬	综合效率	纯技术效率	规模效率	规模报酬
1	北京	1	1	1	不变	0.972	1	0.972	递减
2	天津	0.733	0.926	0.791	递增	0.721	0.844	0.854	递增
3	河北	0.71	0.716	0.992	递减	0.733	0.752	0.975	递增
4	山西	0.56	0.879	0.637	递增	0.284	0.482	0.588	递增
5	内蒙古	1	1	1	不变	0.925	1	0.925	递增
6	辽宁	1	1	1	不变	1	1	1	不变
7	山东	0.977	1	0.977	递减	1	1	1	不变

从 2013 年来看，北京、内蒙古、山东省三个效率值均有效，山西的纯技术效率指标有效，山西的纯技术指标有效表明在当前技术水平不变的情况下，山西"高精尖缺"人才的投入与产出的比例是有效的。天津、山西处于规模报酬递增的阶段，"高精尖缺"人才的投入与产出相对应的生产规模较低，其中山西综合效率值相较于另外两个省份较小，表明投入产出更不平衡。而河北、山东处于规模报酬递减阶段，"高精尖缺"人才投入越多，产出的比例会减少。

从 2014 年来看，北京、内蒙古、辽宁的三个效率值有效，山西仍然是只有纯技术效率有效。天津、山西处于规模报酬递增阶段，可以增加投入，提高效率。从 2015 年来看，北京、内蒙古、辽宁的三个效率指标有效，山东纯技术效率有效，为规模报酬递减阶段，天津、山西处于规模报酬递增阶段。从 2016 年来看，辽宁、山东三个效率指标有效，天津、河北、山西、内蒙古处于规模报酬递增阶段，北京处于规模报酬递减阶段。北京的纯技术效率指标为 1，表明北京的纯技术指标有效，在当前技术水平不变的情况下，北京"高精尖缺"人才的投入与产出的比例是有效的。

表 6-2 2017 年 BCC 模型分析结果

地区	综合效率	纯技术效率	规模效率	规模报酬
北京	0.955	1	0.955	递减
天津	0.74	0.888	0.833	递增
河北	0.659	0.699	0.943	递增
山西	0.733	1	0.733	递增
内蒙古	0.771	1	0.771	递增
辽宁	1	1	1	不变
山东	1	1	1	不变

从 2017 年来看，辽宁、山东省三个指标均为有效，天津、河北、山西、内蒙古处于规模报酬递增阶段，可以增加投入，大力引进人才。北京仍然是纯技术效率有效。天津、河北的三个指标都不容乐观，应该注意人才的培养引进，防止人才流失。

总的来说，2013 年—2017 年，环渤海经济区的效率有下降的趋势，这与国家经济下行的压力有关。另外，环渤海经济区各个省份的效率在每年都会波动，环渤海经济区各个省份应该根据每年的实际情况进行政策调整，促进经济增长，效率的提高。

6.2 基于 Malmquist 指数的动态效率分析

6.2.1 全要素生产率模型设定

Malmquist 指数最早是被 S.Malmquist 提出，他将此方法用来研究消费。后来，此方法与 DEA 理论相结合，被广泛应用于各个领域。它可以利用多种投入与多种产出来进行相对效率分析。本文在 Ray 与 Desli（1997）对 FGNZ 修正过的 Malmquist 模型基础上，Malmquist 指数分解为技术进步指数（TC）与综合技术效率变化指数（TEC），综合技术效率变化指数又可以分解为纯技术效率变化指数（PTEC）与规模效率变化指数（SEC）。

$$M(x^t, y^t, x^{t+1}, y^{t+1}) = \frac{D_v^{t+1}(x^{t+1}, y^{t+1})}{D_v^t(x^t, y^t)} \times$$

$$\left[\frac{D_v^t(x^t, y^t)}{D_v^{t+1}(x^t, y^t)} \times \frac{D_v^t(x^{t+1}, y^{t+1})}{D_v^{t+1}(x^{t+1}, y^{t+1})}\right]^{\frac{1}{2}} \times$$

$$\left[\frac{D_c^t(x^{t+1}, y^{t+1}) / D_v^t(x^{t+1}, y^{t+1})}{D_c^t(x^t, y^t) / D_v^t(x^t, y^t)} \times \frac{D_c^{t+1}(x^{t+1}, y^{t+1}) / D_v^{t+1}(x^{t+1}, y^{t+1})}{D_c^{t+1}(x^t, y^t) / D_v^{t+1}(x^t, y^t)}\right]^{\frac{1}{2}}$$

$$= TE \times TC \times SE = TC \times TEC$$

（6.2）

上式中，x^t、x^{t+1}、y^t、y^{t+1} 分别表示在 t 时期以及 $t+1$ 时期的投入产出数量。在规模报酬不变的情况下，$D_c^t(x^t, y^t)$、$D_c^{t+1}(x^t, y^t)$ 是 (x^t, y^t) 在 t 时期以及 $t+1$ 时期的距离函数。$D_c^t(x^{t+1}, y^{t+1})$、$D_c^{t+1}(x^{t+1}, y^{t+1})$ 是 (x^{t+1}, y^{t+1}) 在 t 时期以及 $t+1$ 时期的距离函数。

同理，在规模报酬可变的情况下 $D_v^t(x^t,\ y^t)$、$D_v^{t+1}(x^t,\ y^t)$ 是 $(x^t,\ y^t)$ 在 t 时期以及 $t+1$ 时期的距离函数，$D_v^t(x^{t+1},\ y^{t+1})$、$D_v^{t+1}(x^{t+1},\ y^{t+1})$ 是 $(x^{t+1},\ y^{t+1})$ 在 t 时期以及 $t+1$ 时期的距离函数。

当 $M(x^t,\ y^t,\ x^{t+1},\ y^{t+1})$ 大于 1，表示从 t 时期到 $t+1$ 时期的全要素生产率呈现上升的趋势，若 $M(x^t,\ y^t,\ x^{t+1},\ y^{t+1})$ 等于 1，表示效率不变；若 $M(x^t,\ y^t,\ x^{t+1},\ y^{t+1})$ 小于 1，表示效率下降。而 TEC 反应决策单元在 t 到 $t+1$ 时期内的技术效率变动情况，若 TEC 大于 1，表示技术效率改善；若 TEC 小于 1，表示技术效率恶化。TC 表示技术进步情况，若 TC 大于 1，表示产业技术进步；若 TC 小于 1，表示技术衰退。

另外此模型所选取的指标与上文所选取的指标相同。

6.2.2 全要素生产率结果分析

经计算，可以得到 2013 年—2017 年环渤海经济区各个省份的综合技术效率、技术进步、技术效率、规模报酬变动、全要素生产率等情况。

表 6-3 2013 年—2017 年度平均 Malmquist 指数分解

年份	综合技术效率变动	技术进步	纯技术效率变动	规模报酬变动	全要素生产率增长率
2013 年—2014 年	0.963	1.48	0.98	0.983	1.426
2014 年—2015 年	0.92	0.723	0.946	0.973	0.665
2015 年—2016 年	0.899	1.045	0.912	0.985	0.939
2016 年—2017 年	1.1	1.065	1.106	0.995	1.171
平均值	0.968	1.045	0.983	0.984	1.011

从表 6-3 中可以看出，2013 年—2017 年以来，环渤海经济区的全要素生产率状况不容乐观，除了 2013 年—2014 年 TFP 上升以外，2014 年—2016 年的全要素生产率都在下降，从 2015 年开始有回缓的趋势，到了 2017 年，全要素生产率变为正向增长，但增长率较低。

（1）从 2013 年—2014 年来看，全要素生产率上升 42.6%，其中原因在于"高精尖缺"人才带来的技术进步，创新的作用最大。这一个时期，企业整体技术进步，技术创新作用明显，整个社会创新环境较好。综合技术效率变动、纯技术效率变动、规模报酬变动均有下降的趋势。

（2）2014 年—2015 年，这一个时期，样本数据所测算的全要素生产率大幅下降，其原因也是多方面的，综合技术效率变动、技术进步等都成为了障碍。这一时段环渤海经济区的经济形势与中国的经济形势是趋同的。中国的经济遭遇了不少预期内以及预期外的挑战，"高精尖缺"人才并没有带来效率的提高,在大的经济下行压力下,环渤海经济区的经济效率处于大幅衰退阶段。

(3)2015年—2016年,这一时期较以往,经济下行压力仍没有较大的改变,全要素生产率仍然处于下降的阶段,只不过下降的趋势有所减缓。其中,技术进步增长4.5%,是最主要的推动力量。反映了这一时期,环渤海经济区"高精尖缺"人才在企业内最主要的贡献是推动了技术进步与技术创新。

(4)2016年—2017年,这一时期的全要素生产率比去年增长17.1%,综合技术效率变动,技术进步,纯技术效率变动都起了重要的作用,经济有复苏的现象。

总体来看,2013年—2017年,环渤海经济区,"高精尖缺"人才的投入产出效率不容乐观,但这与中国总的经济形势有关。就各个指标的平均值来说,技术进步每年增长4.5%,这是最主要的推动力,TFP的改善,主要来源于技术创新与进步。

另外,经过计算,我们也可以得到,2013年—2017年环渤海经济区,每个省市的综合技术效率、技术进步、技术效率、规模报酬变动、全要素生产率等情况。

表6-4 环渤海经济区 Malmquist 指数分解

地区	综合技术 效率变动	技术进步	纯技术 效率变动	规模报酬 变动	全要素生产率 增长率
北京	0.988	1.052	1	0.988	1.04
天津	0.968	1.049	0.971	0.997	1.015
河北	0.908	1.035	0.916	0.991	0.939
山西	0.975	1.053	1	0.975	1.027
内蒙古	0.937	1.033	1	0.937	0.968
辽宁	1	1.039	1	1	1.039
山东	1	1.051	1	1	1.051
平均值	0.968	1.045	0.983	0.984	1.011

从2013年—2017年每个省份的全要素生产率来看,北京、天津、山西、辽宁、山东的全要素生产率处于上升的趋势,但是河北、内蒙古的全要素生产率处于下降趋势,其中河北的经济效率下降幅度最大,达到6.1%。

从规模报酬的变动来看,大部分省份的规模报酬变化指数小于1,只有辽宁、山东处于规模报酬递增阶段。另外,就平均值来看,整个环渤海经济区有着规模报酬递减,规模报酬递减已经是环渤海经济区效率问题的重要制约因素之一。

从纯技术效率来看，大部分省市的指标值等于 1，只有河北、天津小于 1，说明纯技术效率的提高是环渤海经济区发展的重要动力。

从综合技术效率来看，辽宁、山东的指标值大于 1，说明这些省份的企业管理方法以及决策正确，促进了效率的提高。但其他省市的综合技术效率都小于 1，说明这些企业的管理方法与管理层的决策有待提高。

总的来看大致可以得出以下结论：

（1）环渤海经济区的大多数省份的全要素生产率处于上升的阶段。

（2）就大部分省份来说，规模报酬递减对经济效率的阻碍影响最大。

（3）环渤海经济区的经济效率的增长速度有很大的差异，呈现出两极化趋势，北京等省份全要素生产率有上升的趋势，但是河北的全要素生产率却呈下降的态势，最根本的制约因素是企业管理决策与规模报酬递减。

6.2.3 "高精尖缺"人才投入产出效率建议

从上文的分析可以得出，环渤海经济区近年来的"高精尖缺"人才投入产出效率有着空间上的差异，在时间上也存在差异。并且由于我国的经济形势有下行压力，各个省份最重要的是根据自己的实际情况制定方针政策。

第一，京津冀协同发展，河北的"高精尖缺"人才投入产出效率远远低于北京、天津，相较于其他省份也比较低。河北的"高精尖缺"人才收到北京、天津的回波效应，人才流失严重，并且人才的制度、环境上相比于天津、北京也还有差距。北京、天津可以协同河北共同发展，共同进步。

第二，各个省份应该根据自己每年的实际情况制定灵活的政策，进行宏观调控。通过 BCC 模型的测算，可以知道，每个省份的效率指标在每个时期都会发生波动，因此政府应当灵活地调整政策，用活人才，有效地提高效率。

第三，河北要发挥纽带的作用，促进南部与西部的资源高效流动。南部的山东、北部的辽宁、西部的内蒙古以及北京的全要素生产率都处于增长的阶段，河北的全要素生产率下降趋势严重，位于环渤海经济区的中部地区，河北应该开放政策，积极地吸引人才。

6.3 本章小结

本章主要利用数据包络的分析方法，选取了环渤海经济区作为主要的研究对象，分别从静态与动态的角度对环渤海经济区"高精尖缺"人才的利用效率作出了评价，也将山东与环渤海经济区的其他省份做了对比。中国依靠资本拉动经济增长的收益越来越低，"高精尖缺"人才对于经济增长的作用越来越重要。本章首先通过 DEA-BCC 模型从静态的角度分析 2013 年—2017 年环渤海经济区各个省份每年的效率指标，发现每个省份在每一年的效率指标都存在着波动，又从动态角度利用 Malmquist 模型分析得到 2013 年—2017 年环渤海经济区各个省份平均的效率分解指标与全要素生产率，得出环渤海经济区"高精尖缺"人才投入产出效率有下降趋势，并且河北的效率指标较差，北京、天津、山西、辽宁、山东的效率指标处于上升阶段。这有利于认清环渤海经济区与山东省的"高精尖缺"人才投入产出现状，为调整经济结构，发展经济提供有益理论指导。

第七章 山东省"高精尖缺"人才队伍动态多尺度评估研究

当前对于"高精尖缺"人才队伍的研究刚刚起步,对于"高精尖缺"人才队伍的评估主体较多并且比较分散,评价的标准不同,完整的评价体系也较少。本着科学性、全面性、可操作性等原则,本文将对山东省"高精尖缺"人才队伍从多个角度,尽量全面地分析研究,使得读者可以对山东省"高精尖缺"人才队伍的现状有一个较为全面客观的认识。本章主要从山东省的师资力量动态分析、山东省与江苏省人才的政策对比分析、山东高校发展师资团队面临的问题、山东高校加快"双一流"师资队伍建设相关建议展开论述研究。

7.1 山东省"高精尖缺"人才队伍的动态分析

7.1.1 山东省"高精尖缺"人才动态分析

从山东省教育厅、山东省人民政府办公厅、省委组织部等部门的相关文件查阅中,可以知道泰山学者情况如下。

表 7-1 泰山学者在各领域分布

年份	高校领域	企业院所领域	医疗机构	总计
2007	27	20	0	47
2008	30	30	0	60
2009	13	14	0	27
2010	12	24	0	36
2011	13	21	0	34
2012	13	29	0	42
2013	20	19	0	39
2014	42	22	18	82
2015	51	20	13	84
2016	59	14	16	89
2017	57	31	22	110

从表 7-1 看出，高校领域泰山学者人数占比较大且增速较快，企业领域发展较为平稳，医疗机构从 2014 年开始发展迅速，各个领域的不断加强为山东省总体发展提供支持，从 2007 年 47 人到 2017 年 110 人翻了一番还多，发展速度较快。2009 年至 2012 年泰山学者数量有所下滑，2012 年至 2014 年增长迅速，2014 年至 2017 年缓慢增长但基本平稳。

对于山东省引进海外"高精尖缺"人才分布情况，通过查阅了山东省人民政府办公厅、山东省人力资源与社会保障厅、组织部的相关文件，得到了以下数据。

表 7-2 山东省引进海外"高精尖缺"人才分布情况

年份	海外"高精尖缺"创新人才	海外"高精尖缺"创业人才	总计
2009	27	7	34
2010	32	7	39
2011	28	6	34
2012	48	6	54
2013	24	12	36
2014	35	23	58
2015	60	38	98
2016	94	33	127
2017	113	35	148

山东省引进的海外"高精尖缺"人才包括海外"高精尖缺"创新人才和"高精尖缺"创业人才，海外"高精尖缺"创新人才发展迅速，说明山东省注重创新建设，总体来说，山东省积极引进海外"高精尖缺"人才，为今后创新创业发展奠定基础。"高精尖缺"人才从 2014 年到 2017 年显著增长且增速很快，由 2009 年仅有的 34 人增长到 2017 年的 148 人，说明山东省认识到引进"高精尖缺"人才的重要性，将"高精尖缺"人才建设放在重要位置。

7.1.2 山东省经济发展与"高精尖缺"人才关系分析

通过查阅山东省 2009 年到 2017 年的统计年鉴，在国民经济核算栏目中查到了 2009 年到 2017 年的山东省生产总值，截至 2009 年，生产总值方面仅达 30000 多亿元，但到 2011 时就增长为 45361.85 亿元，到 2017 年时达到了 72678.18 亿元，与 2009 年相比，2017 年经济增长了近 1.5 倍。下面通过对每年泰山学者、从海外引进的"高精尖缺"人才进行汇总，与每年的全省生产总值构建模型，旨在能分析出它们之间的相关性等等。

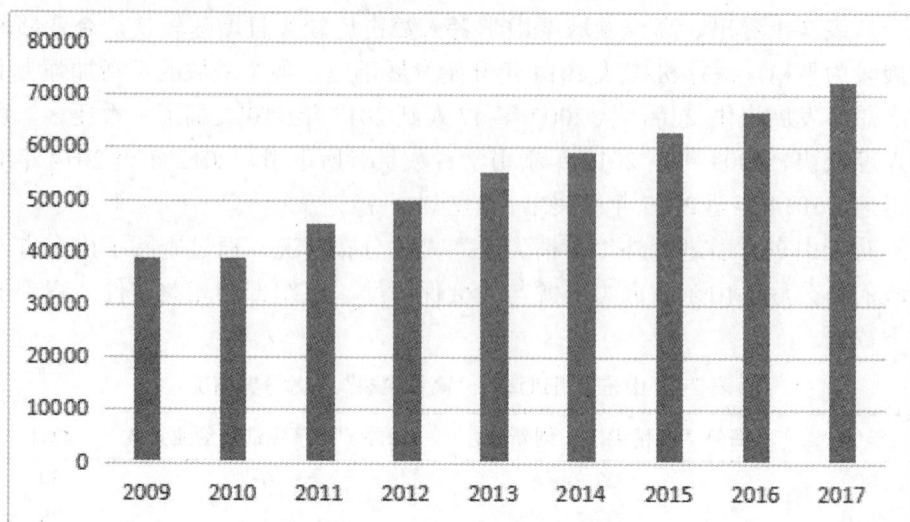

图 7-1 山东省全省生产总值柱状图

由图 7-1 可以看出，从 2009 年至 2017 年山东省生产总值持续增长，如果继续保持此趋势，那么在未来几年山东省整体生活水平将大幅度提高。

山东省经济发展与"高精尖缺"人才关系如表 7-3，表 7-3 显示了 2009年至 2017 年泰山学者和"高精尖缺"人才的总产值和数量统计。从表中可以看出经济发展与人数都是递增关系，表 7-3 可更直观体现两者的关系。

表 7-3 山东省 9 年来全省经济发展与泰山学者人才数据表

年份	全省生产总值（亿元）	人数合计（人）
2009	33896.65	61
2010	39169.92	75
2011	45361.85	85
2012	50013.24	100
2013	55230.32	111
2014	59426.59	136
2015	63002.33	177
2016	67008.19	216
2017	72678.18	258

根据以上所得数据建立 GM（1，1）灰色预测模型。由于 GM（1，1）算法较为简单且容易实施，预测精度相对较高，通过差分方程和微分方程的互相转换，建立指数增长的均值 GM（1，1）灰色预测模型。对山东省经济发展与"高精尖缺"人才进行多尺度评估研究，研究年份仅有 8 年，作计量或时间序列模型年份涵盖较少，故选择小样本序列 GM（1，1）模型分析，利

用两者之间的关系，来定量分析"高精尖缺"人才的引进对经济发展的影响。

设 GM（1，1）模型的原始形式为

$$x^{(0)}(k) + ax^{(1)}(k) = b \tag{7.1}$$

分别以

$$x_1^{(0)}, \ x_2^{(0)}, ..., \ x_{25}^{(0)} \tag{7.2}$$

给定年限等时间间隔数据列，且设数据列单调：

$$\{k, x(k)\} = (1, x_1), (2, x_2), ..., (n, x_n) \tag{7.3}$$

K 表示时刻，$x(k)=x_k$ 表示 $t=k$ 时刻某量的观测值，设 $x_k < x_{k+1}$，$k=1$，2，...，n-1，则数据为

$$x^{(0)} = \left\{ x_1^0, x_2^0, ..., x_n^0 \right\} \tag{7.4}$$

其某个一阶线性常系数微分方程为

$$\frac{d_x^{(1)}}{d_t} + ax^{(1)} = b \tag{7.5}$$

满足某个初始条件的一条积分曲线为

$$x^{(1)}(t) = (x^{(1)}(1) - \frac{b}{a})e^{-at} + \frac{b}{a} \tag{7.6}$$

运用以上数据模型，对生产总值进行灰预测算法过程如下：

第 [1] 步，根据原始序列进行重新处理

结果为：

33896.65，39169.92，45361.85，50013.24，55230.32，59426.59，63002.33，67008.19

第 [2] 步，原始序列的 1-AGO

1-AGO 序列：

33896.6500，73066.5700，118428.4200，168441.6600，223671.9800，283098.5700，346100.9000，413109.0900

第 [3] 步，1-AGO 的紧邻均值生成

紧邻均值生成序列：

53481.6100，95747.4950，143435.0400，196056.8200，253385.2750，314599.7350，379604.9950

第 [4] 步，计算发展系数和作用于灰色的量

a=-0.0831

b=37127.0456

第 [5] 步，所得模拟计算值为

33896.6500，41649.1194，45256.9537，49177.3148，53437.2752，58066.2526，63096.2128，68561.8909

第 [6] 步，计算残差

残差 =14344531.9380

由以上数据可得平均相对误差为 2.2853%。

系数是 $(1-e^a)(x^{(0)}(1)-\dfrac{b}{a})$，得 38328.8977。

未来 8 年预测数据：

74501.0306，80954.6453，87967.3012，95587.4249，103867.6381，112865.1206，122642.0055，133265.8082

运用以上数据模型对"高精尖缺"人才做灰色预测模型，过程如下：

第 [1] 步，根据原始序列进行重新处理

结果为：

61，75，85，100，111，136，177，216

第 [2] 步，原始序列的 1-AGO

1-AGO 序列：

61.0000，136.0000，221.0000，321.0000，432.0000，568.0000，745.0000，961.000

第 [3] 步，1-AGO 的紧邻均值生成

紧邻均值生成序列：

98.5000，178.5000，271.0000，376.5000，500.0000，656.5000，853.0000

第 [4] 步，计算发展系数和作用于灰色的量

a=-0.1898

b=49.0222

第 [5] 步，计算模拟预测值为

61.0000，66.7318，80.6784，97.5399，117.9253，142.5712，172.3680，208.3922，

第 [6] 步，计算残差

残差 =263.5662

由以上数据可得平均相对误差为 5.2984%

系数是 $(1-e^a)(x^{(0)}(1)-\dfrac{b}{a})$，得 55.1960。

未来 8 年预测数据：

251.9454，304.6009，368.2612，445.2263，538.2768，650.7744，786.7836，951.2181

由以上数据可知山东省经济发展与"高精尖缺"人才关系通过精度检验，按照目前的发展趋势，山东省到 2024 年生产总值将达到 133265.8082 亿元，引进综合性人才高达 951.2181 人。

7.1.3 基于层次分析法对山东高校科研成果分析

山东省首先支持山东大学、中国海洋大学、中国石油大学等重点大学和重点学科进入"双一流"，优先步入世界发展前列；积极支持山东省各省属高校利用自身优势成为"双一流"行列一员。

据研究，能够进入 ESI 学科 1% 的大学在这个全球学科领域拥有较为强大的能力。基于 2020 和 2050 所设定的两个目标的发展，目前山东省内高校基于 ESI 的学科排名情况如图 7-2 所示：

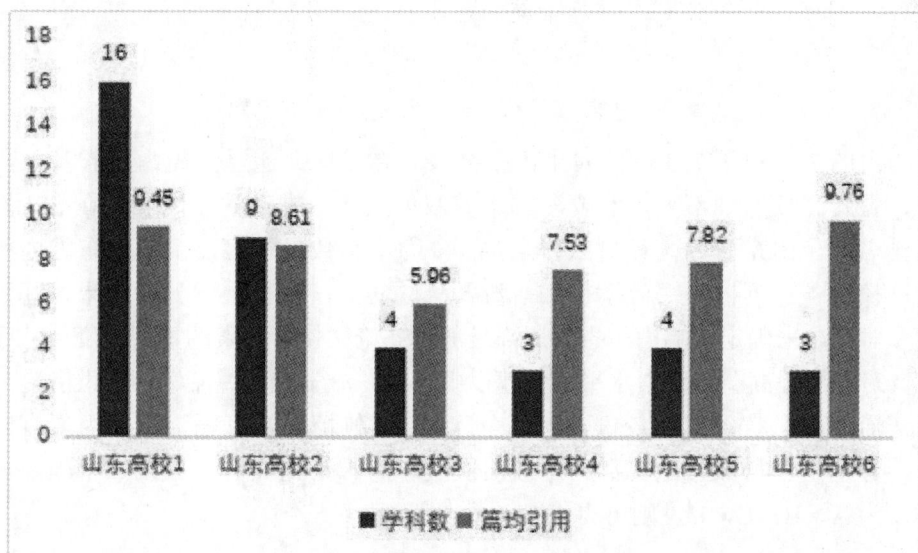

图 7-2 山东省省内进入全球 1% 的部分高校情况统计图

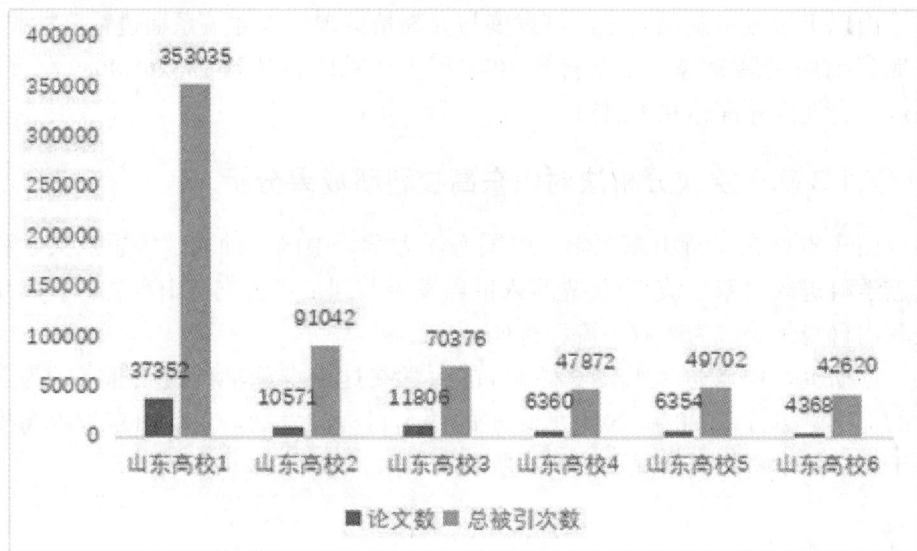

图 7-3 山东省高校 ESI 排名前 100 的论文数

由图 7-2 和图 7-3 可以看出山东高校 1 在 ESI 上遥遥领先山东省其他高校，省属高校差别不大，需要多加培养双创人才，推动学校发展。在 ESI 论文排名中，山东省内高校进入排名的 1% 的论文数量较多，说明山东省内部分高校具备达到世界一流学校和一流学科的实力。根据上图分析结果，基于优序对比法来确定影响山东省省属高校的 ESI 论文排名因素的重要程度，从而有针对性地提高弱势因素水平，为建设山东省一流学校和一流学科提供借鉴。

通过山东省省属高校进入 ESI 全球 1% 学科情况柱形图，影响因素有四个，分别是学科数、论文数、总被引次数、高水平论文数，假设四个因素分别设为 A，B，C，D，则可得表 7-4：

表 7-4 权重计算表

因素	A	B	C	D	合计	权重数
A	0	1	0	2	3	0.1
B	4	0	2	3	9	0.3
C	5	3	0	4	12	0.4
D	3	2	1	0	6	0.2
合计	12	6	3	9	30	1

由此可得出，总被引次数在进入 ESI 全球排名中影响力最强，学科数影响力最弱，因此，通过优序对比法得出的结果对于山东省高校今后努力的方向提供借鉴，山东省高校应提高学科建设，加快进入双一流大学的行列。

运用层次分析法，建立山东省学科论文评价分析体系及其努力方向，进行研究。

（1）构建层次结构模型

对于具体的各个高校来说，为体现各高校的具体实力，从而制定具体策略，故采取具有普遍存在意义的综合层次分析评价体系，从而构建关于高校综合实力的层次结构模型，分为教学、科研、论文、声誉和国际化，最后根据评估根据权重得出最终每所大学所获得得分数。

（2）构造成对比较阵

运用层次分析法将各个影响对于的诸多因素形成 1~9 的对比较阵，具体如下：

表 7-5 标度 1~9 的定义及其描述

标度	定义比较因素
1	因素 i 和 j 一样重要
3	因素 i 比 j 稍微重要
5	因素 i 比 j 较强重要
7	因素 i 比 j 强烈重要
9	因素 i 比 j 绝对重要
2，4，6，8	两项邻的判断值
倒数	当比较因素 j 与 i 时

（3）计算权向量并做一致性检验

计算单独每一个评价标准所对应的权重，如下表所示：

表 7-6 山东大学 ESI 各项评分

山东大学		评分
学科数	16	41.03%
论文数	37352	48.63%
总被引次数	353035	53.93%
篇均引用	9.45	19.23%
总计	390412.45	162.81%

表 7-7 中国海洋大学 ESI 各项评分

中国海洋大学		评分
学科数	9	23.08%
论文数	10571	13.76%
总被引次数	91042	13.91%
篇均引用	8.61	17.52%
总计	101630.61	68.27%

表 7-8 中国石油大学 ESI 各项评分

中国石油大学		评分
学科数	4	10.26%
论文数	11806	15.37%
总被引次数	70376	10.75%
篇均引用	5.96	12.13%
总计	82191.96	48.51%

表 7-9 青岛大学 ESI 各项评分

青岛科技大学		评分
学科数	3	7.69%
论文数	6360	8.28%
总被引次数	47872	7.31%
篇均引用	7.53	15.33%
总计	54242.53	38.61%

表 7-10 济南大学 ESI 各项评分

济南大学		评分
学科数	4	10.26%
论文数	6354	8.27%
总被引次数	49702	7.59%
篇均引用	7.82	15.92%
总计	56067.82	42.04%

表 7-11 青岛科技大学 ESI 各项评分

青岛科技大学		评分
学科数	3	7.69%
论文数	4368	5.69%
总被引次数	42620	6.51%
篇均引用	9.76	19.87%
总计	47000.76	39.76%

由于得分仅是对于各个高校中单一变量所做，无法明确评价整体水平，因此按照上述权重对各高校整体得分进行评价。

表 7-12 各所高校加权得分

	山东大学	中国海洋大学	中国石油大学	青岛大学	济南大学	青岛科技大学
总得分	162.81	68.27	48.51	38.61	42.04	39.76
加权得分	100	41.93	29.80	23.71	25.82	24.42

（4）计算组合权向量并做组合一致性检验

通过上述分析可知山东省在 ESI 排名还有较大差距，山东高校 1 近两年发展较好，在 ESI 排名已处于前十，将山东高校 1 的权重设为 100 分，分别得到山东高校 2 –41.93 分、山东高校 3 –29.80 分、山东高校 4 –23.71 分、山东高校 5 –25.82 分、山东高校 6 –24.42 分的评估得分，各省属高校水平接近，同时以优厚的政策等措施吸引创新人才的加入。211、985 院校需加强力度面对"双一流"学科建设，高校应准确定位、深刻理解所处的地位，明确目标，付诸实践，为高校人才的引进提供保障。

7.2 山东省人才引进政策与优势省份对比分析

以江苏省为例，分析山东人才引进政策与优势省份的差距。江苏省连续7 年向海外引进"高精尖缺"人才为其重点开发战略新兴产业打下良好基础。自 2007 年，政府部门每年提供 2 亿元专项资金用于其战略新兴产业，由数据可看出引进"高精尖缺"人才增长迅速，数量总体呈现显著的正增长趋势，说明了江苏省通过产业引进"高精尖缺"人才成果显著，也说明江苏省将"高精尖缺"人才作为产业发展的关键性因素，摆在首要位置具有显著成效。

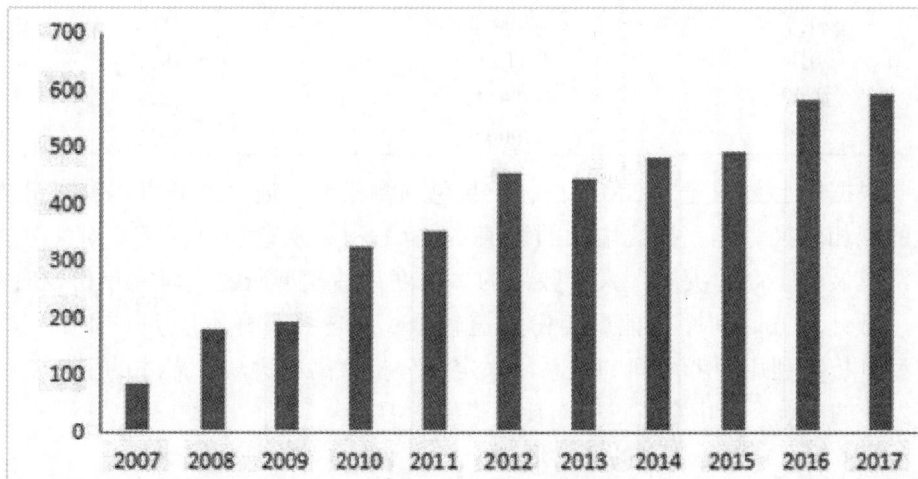

图 7-4 "高精尖缺"创新和"高精尖缺"创业人才

由图 7-4 可知江苏省与山东省比较而言，本身起步就很高，并且总体递增，说明江苏省一直注重"高精尖缺"人才建设。

7.2.1 江苏省经济发展与"高精尖缺"人才关系分析

江苏省国民生产总值一直在全国名列前茅，不仅与其丰富的资源有关，更与其采取的各项积极政策相关。江苏省在 2012 年率先突破 5 万亿，保持平稳增长，2017 年超过 8 万个亿，是仅次于北京、上海的经济高速增长的大省。

关于江苏省经济发展与引进"高精尖缺"人才的关系，如表 7-13 显示的是江苏省 9 年来生产总值和"高精尖缺"人才数量，与山东省形成鲜明对比，无论是生产总值还是"高精尖缺"人才人数都位于全国前列，为其他各省提供借鉴作用。由表 7-13 可以看出江苏省"高精尖缺"人才与经济发展之间存在正向关系，整体趋势逐年递增，2013 年为一个转折点，增速较前 4 年更快。

表 7-13 江苏省 9 年来全省生产总值与"高精尖缺"人才数据表

年份	全省生产总值（单位/万亿）	人数
2009	34061.2	192
2010	40903	326
2011	48604.3	353
2012	54058.2	453
2013	59161.8	445
2014	65088.3	482
2015	70116.38	493
2016	76086.17	582
2017	85900.9	593

根据以上数据建立 GM（1，1）灰色预测模型。通过差分方程和微分方程的互相转换，建立指数增长的均值 GM（1，1）灰色预测模型。对江苏省经济发展与"高精尖缺"人才数量的多尺度评估模型研究，研究年份仅有 8 年，做计量或时间序列模型年份涵盖较少，故选择小样本序列 GM（1，1）模型分析，利用两者之间的关系，来定量分析"高精尖缺"人才的引进对经济发展的影响。与山东省进行对比，借鉴学习。

设 GM（1，1）模型的原始形式为

$$x^{(0)}(k) + ax^{(1)}(k) = b \qquad (7.7)$$

分别以

$$x_1^{(0)}, \ x_2^{(0)}, \ ..., \ x_{25}^{(0)} \qquad (7.8)$$

给定年限等时间间隔数据列，且设数据列单调：

$$\{k, x(k)\} = (1, x_1), (2, x_2), ..., (n, x_n) \qquad (7.9)$$

k 表示时刻，$x(k)=x_k$ 表示 $t=k$ 时刻某量的观测值，设 $x_k < x_{k+1}$, k=1, 2, …, n-1，则数据为

$$x^{(0)} = \left\{ x_1^0, x_2^0, ..., x_n^0 \right\} \qquad (7.10)$$

其某个一阶线性常系数微分方程为

$$\frac{d x^{(1)}}{dt} + a x^{(1)} = b \qquad (7.11)$$

满足某个初始条件的一条积分曲线为

$$x^{(1)}(t) = (x^{(1)}(1) - \frac{b}{a})e^{-a t} + \frac{b}{a} \qquad (7.12)$$

运用以上数据模型，对生产总值进行 GM（1，1）灰色预测算法过程如下：

第 [1] 步，根据原始序列进行重新处理

结果为：

34061.2，40903，48604.3，54058.2，59161.8，65088.3，70116.38，76086.17

第 [2] 步，原始序列的 1-AGO

1-AGO 序列：

34061.2000，74964.2000，123568.5000，177626.7000，236788.5000，301876.8000，371993.1800，448079.3500，

第 [3] 步，1-AGO 的紧邻均值生成

紧邻均值生成序列：

54512.7000，99266.3500，150597.6000，207207.6000，269332.6500，336934.9900，410036.2650

第 [4] 步，计算发展系数和灰色作用量

a=-0.0952

b=38363.1064

第 [5] 步，计算模拟预测值如下

34061.2000，43651.3489，48011.8678，52807.9775，58083.1909，63885.3678，70267.1489，77286.4332，

第 [6] 步，计算残差

残差 =13541260.6366

由以上数据可得平均相对误差为 2.2007%

系数是 $(1-e^a)(x^{(0)}(1) - \frac{b}{a})$，得 39686.8598。

未来 8 年预测数据：

85006.9037，93498.6048，102838.5780，113111.5609，124410.7557，136838.6751，150508.0723，165542.9637

运用以上数据模型对"高精尖缺"人才做 GM（1，1）灰色预测模型，过程如下：

第 [1] 步，根据原始序列进行重新处理

结果为：

192，326，353，453，445，482，493，582

第 [2] 步，原始序列的 1-AGO

1-AGO 序列：

192.0000，518.0000，871.0000，1324.0000，1769.0000，2251.0000，2744.0000，3326.0000，

第 [3] 步，1-AGO 的紧邻均值生成

紧邻均值序列：

355.0000，694.5000，1097.5000，1546.5000，2010.0000，2497.5000，3035.0000

第 [4] 步，计算发展系数和灰色作用量的计算

a=-0.0852

b=310.9194

第 [5] 步，计算模拟预测值

192.0000，341.6330，372.0245，405.1197，441.1590，480.4044，523.1411，569.6795

第 [6] 步，计算残差

残差 =3976.4196

由以上数据可得平均相对误差为 4.3765%

系数是 $(1-e^a)(x^{(0)}(1)-\dfrac{b}{a})$，得 313.7241。

未来 8 年预测数据：

620.3581，675.5449，735.6412，801.0836，872.3478，949.9516，1034.4590，1126.4842

由以上数据可知江苏省经济发展与"高精尖缺"人才关系通过精度检验，按照目前的发展趋势，江苏省到 2024 年生产总值将达到 165542.9637 亿元，引进"高精尖缺"人才达到 1126.4842 人，江苏省一直处于高速发展的进行中，走在经济高速发展的前端。

由两省对比可以看出，虽然山东省发展很快，但是相比江苏省来说仍处

于相对劣势地位，首先江苏省起点高，本身拥有的资源丰富，加之从早就意识到人才引进对其经济社会发展的重要性，对人才引进方面从不懈怠，山东省近年来越来越看重人才引进问题，在政策、人才引进方式以及选拔方式方面应多关注江苏省的做法，争取跻身前列。

7.2.2 江苏省"高精尖缺"人才集聚优势分析

2010年，作为教育改革试点的江苏省取得战略性成就，高等院校高达167所，教学质量和教育水平位于全国前列。总体人才培养方面，有23所高校入选卓越工程师计划，至2017年3月份，其中的99个学科位于ESI世界学科前100。可以说，江苏一直处于高速发展的进行中，走在发展的前端。目前最先公布的"双一流"大学江苏省有2所，一流学科高校江苏省有13所；而山东省仅有3所高校中6个学科榜上有名。

通过对比说明，山东省在制定政策上对"高精尖缺"人才的吸引力远远不足，这就需要我们一直不断摸索前行。通过以上数据说明国民经济发展与引进的创新创业人数呈正相关，因此江苏省每年经济增长率比较高，从2007年到2016年经济增长率翻了近7番。江苏省通过建立教学科研平台对引进的"高精尖缺"人才进行评估，签订协议从而保障科研与教育成果，对不同学科不同层次的岗位制定不同评价标准体系，使各高校不断发展自己的优势学科，不断发展。山东省则是保持平稳增速，具体原因与地理位置以及吸引"高精尖缺"人才的措施有极大关系。

对比说明，一个地区的核心竞争力越来越体现在"高精尖缺"人才基础之上，山东省不仅要把眼光看远，更要重视引进"高精尖缺"人才的力度，还应在引进人才时多加考量，不仅增大数量还要增加质量。如各个地方高校应制订严格的考核机制，将人才队伍的投入与产出结合对比评估，如长时间多次未完成科研和教学任务，学校可弹性地调节岗位制度，不再是完全按合约执行。甚至可以解除协定，让更有能力的人才加入，保障人才流动，激发人才潜力，择优录用。

7.2.3 江苏省在"高精尖缺"人才中采取的政策措施

第一，资金支持。江苏省为引进"高精尖缺"人才实施资金支持战略，加大对海内外"高精尖缺"创新创业人才资金支持力度，主要为：首先，被列入领军型"高精尖缺"人才享受大量资金支持，并且提供住房补贴，家人安置等优惠政策。其次，资金补助的支持力度涉及范围较为广泛，普通人才也涉列在内。在省政府实施的激励政策中，江苏省政府实施资金大力扶持战略，加大对人才和具有特色项目的支持力度。

第二，配套设施建设。为完善对"高精尖缺"人才的配套设施建设，江苏省政府采取下列措施：如给予3年优惠政策，免除租金；工作场地在500平米内，居住面积高于100平方米；创业资金会按计划和比例进行分配；对于项目团队或顶尖人才的培育，会给予一定的财务支持。

第三，市场化影响。对于市场化的影响，主要指的是把市场当作是解决社会中存在的一些有关政治经济等宏观调控的问题，市场作为无形的手，是政府进行调控的重要方式。市场化自由竞争模式下，生产要素的比较优势得到足够流动以及充分合理利用，劳动力作为市场中发挥决定性作用的因素起到至关重要的作用，只有在资源得到充分利用的市场化的条件下，人才才能够发挥其主观能动性的作用，不断促进经济社会的发展，科技作为第一生产力，不断促进人才的进步，为人才进步提供重要支撑，因此市场化具有至关重要的作用。

第四，信息化影响。信息化是指现代信息技术的应用状态，本质上来说是科技发展水平的一种具体体现，引领经济社会先进生产力的前进方向，对于"高精尖缺"人才来说，在信息化时代当中，所能利用的信息更多，所能掌握的技术及其相关知识更加全面具体。对于政府来说，为引进"高精尖缺"人才提供便捷服务，更能够快速了解他们科研能力、所主攻的研究方向等。

第五，政府影响因素。政府作为一个地区的职能综合管理部门，应充分发挥其作用，通过对"高精尖缺"人才提供优惠政策，使江苏省留得住人才。政府可根据本地区现状所具有的特点、本地区战略性产业目标给予一定的资金或其他补助支持。另外，关于合理均衡配置社会拥有的资源方面，政府采取一定的措施加强支持力度，对于高污染等行业进行一定的规模限制，给予"高精尖缺"人才更大的发挥空间等。

第六，激励措施。江苏省政府的激励政策首先体现在对于人才的投招标方面给予优惠，对于表现突出的个人或者团队优先推荐申报国家"千人计划"或"万人计划"，对于表现比较突出的创新型科研团体会给予一定限额的资金奖励。江苏省政府出台一系列政策鼓励"高精尖缺"人才多做贡献，并激励"高精尖缺"人才发光发热。

7.3 山东省"高精尖缺"人才引进面临的困境

通过上述分析，对山东省高校发展中存在的问题进行总结。通过与先进省份江苏省对比分析，结合山东省实际情况以及自身存在问题指出山东省应采取的措施。具体如下：

7.3.1 人才引进标准及制度

第一，部分高校人才引进机制不合理。山东省有众多的高校，但是各高校的发展水平参差不齐，特别是地方的省属高校与"211""985"高校之间具有较大差距，体现在师资力量、地域差异、经费投入等方面。在师资引进方面，部分高校自身认识不清晰，不能做到统筹规划，按需求选拔人才。在规划学科上盲目地追求大而全，不能贴合实际，从而引发了师资队伍的建设不合理，学校学科建设出现偏差等问题。

第二，受人才引进制度限制。山东省各地区注重教师编制问题，从而使部分"高精尖缺"人才受其影响。以曲阜师范大学为例，曲阜师范大学是一所山东省属重点高校，对于教师招聘方面具有较复杂的程序，一方面保障了招聘老师的水平，另一方面繁杂的程序，比如审查、审批的制约，使得各方面完成效率较低，且不宜于留住人才。对于各个高校引进人才数量存在限制，容易造成人才的流失等。

第三，引进标准不合理。很多高校在引进人才的时候只是注重学历和目前参加的科研项目，而忽略了教师本身的发展潜力，不能正确地符合学校的发展规律，缺乏一个整体的规划，不能系统地改善学校的教学质量。

7.3.2 教师发展及管理

第一，忽视教师发展规划。受学校发展历史及自身办学条件的限制，学校往往只能拘泥于自身而不能以一个第三方的视角去看待自己的发展，或者只注重教学而忽视了自身对学术的研究，或者过分注重于学术研究而忽视了教师教学的本职工作，对于教师的发展没有一个确切的发展规划。

第二，偏重形式忽视队伍优化。在高校教师的招聘中可能会存在重形式轻内涵的现象，一味地要求学历或工作经历，使得一些没有学术影响或学术潜力的人以"境外学习"的因素进入了高校教师队伍，在入职后享受高薪待遇，但是在学术上却没有贡献，不能起到带头作用；而一些有实际能力的人却因为没有相应的经历而无法进入。

第三，教师考核机制不健全，管理机制不完善。当前的教师审核机制过度看重论文，使得一些真正受欢迎的老师为缺少论文而不能晋升；当前的部分教师忽视相关学科的专业培训，可以将其纳入考核机制中，使教师真正重视专业的培训。

第四，过于倾向习惯的操作，忽视管理制度的建设。某些高校在对教师评职称时，不仅没有严格把关反而是降低要求，学校的人才数量在表面看起来似乎越来越多，但实际上缺乏实力甚至有些滥竽充数。

7.3.3 创新建设

第一，人才引进方式有待创新。高校在招聘的时候大多形式单一，通常只会选择一两种方式去进行招聘，无法扩大招聘面；再者，在招聘时会大多处于被动的状态，被动地接受招聘者的简历，被动地联系应聘者，不能主动地选择人才、引进人才。

第二，教师队伍的创新意识有待提高。如今我们响应"大众创新，万众创业"的号召，在教育水平和学科能力方面同步创新，在教育内容上进行创新，提高教师队伍的创新意识。

7.4 针对山东省"高精尖缺"人才队伍建设的建议

针对上述问题以及借鉴江苏省发展经验，根据山东省实际情况提出以下建议：

7.4.1 建立健全师资引进观念和制度

第一，健全师资人才引进观。山东省各高校应根据自身具体情况建立专属目标，设立人才引进机制，为人才的多方引进提供基础保障。各高校根据自身特点优势，以师资力量引进为核心，建立完善的人才考核引进培养体系，健全人才引进观。

第二，强化人才引进体制改革，营造较好的氛围。首先，通过结合引进人才的计划指标，各个高校经过层层筛选，添加引进人才计划，引进高素质、高质量人才。根据学科自身特点，采用专项、多样化人才，从而优化师资队伍结构。其次，应设计人才管理制度与改革制度，为引进人才创建良好的工作氛围，对于海外人才，应设立专门的机构提前让其适应国内机制环境，从而有效预防人才流失。

第三，完善人才评价标准体系。各高校由于自身实力存在差距，因此在人才招收上有优劣势之分，山东各地方政府应充分发挥自身作用，积极采取措施增加地方高校的竞争力。各高校在进行对人才的评价时应时刻考核其综合实力，制订完善的人才评价标准，确保人才德智体美劳多层次发展，多方位贯通。实行分级分薪酬的管理模式，针对不同的层次给予不同的优惠政策，增强人才间的竞争力。

7.4.2 强化师资人才发展及管理

第一，树立科学度量人才的观念，强化教师队伍发展。首先，树立科学的人才度量观念，山东省各高校要加快成为一流学校就要加强其优势学科的建设，强化师资力量的建设，从世界各地网罗专项人才。其次，要加强学术人才的培养，地方高校及地方政府给予政策和物质支持，加强一流人才和学科的培养。

第二，配合区域发展，建立特色培养机制。高校应明确区域特点，制定发展目标，明确特色的人才培养机制，从而提高高等教育的水平，推动经济社会的发展，将山东省各高校成为培育高水平人才和推动社会发展的重要基地。

第三，运用弹性的评价体系，激发教师潜力。各个高校应制定严格的考核机制，将人才队伍的投入与产出结合比对评估，如长时间多次未完成科研和教学任务，学校可弹性地调节岗位，不再是完全按合约执行，可解除协定，让更有能力的人才加入，保障人才流动，激发人才潜力，择优录用。

7.4.3 加强人才创新意识

第一，改变现行的引才方式，化被动为主动。首先，要协同发展，招募组深入分析各个学科的发展规划，制订招募方案，各个学院在制度指导下主动出击，实现院校协同。其次，要有针对性，应根据学科特色来吸纳招收人才，选择具有发展前景，与社会需求、市场相适应的来强化发展，达到自主发展协同学科共同进步。再次，要有增强自身发展的详细规划。对于高层次师资队伍的建设，省属高校在人才招募上存在一定的劣势，所以要改善引才方式。

第二，提高师资队伍的创新意识。师资队伍的创新意识对于推动高校创新发展具有至关重要的意义，是一流大学发展的关键因素。对于政府来说，要对创新课程、奖励机制、政策支持等作出一系列的规划。各大高校应在国家和社会资助下对教师培训，强化教师创新意识，多与世界一流高校沟通学习，培养创新人才。

7.5 本章小结

随着我国各高校打造一流学科和一流高校的建设目标，各高校根据自身优势特色学科，根据创新引领要求，以人为核心，培养"高精尖缺"人才，为打造高校师资队伍建设奠定基础。在"双一流"建设的背景下，通过学科、"高精尖缺"人才引进数量等指标，运用层次分析法以及 GM（1，1）灰色预测模型进行综合量化评估，与江苏省高校对比分析，提出山东省高校师资队伍建设实践中的创新建议：加大对"高精尖缺"人才的投资力度，建立健全师资引进观念和制度，强化师资人才发展、管理以及加强人才创新意识。

第八章 山东省"高精尖缺"人才队伍与产业结构关联性研究

"高精尖缺"人才队伍与山东省产业结构相互关联，促进山东省经济社会持续发展的现实性要求。发现并且掌握山东省"高精尖缺"人才队伍与本地区产业结构的相互关联，促进山东省实现经济现代化、全面建成小康社会的目标。因此，本章主要研究山东省"高精尖缺"人才队伍与产业结构的关联性，主要从山东省"高精尖缺"人才结构与产业结构、科创企业的影响因素、"高精尖缺"人才与产业结构优化的实证研究展开分析。

8.1 山东"高精尖缺"人才结构与产业结构研究

现阶段山东省还处于"二、三、一"的产值结构（三个产业的产值比为：11.9 ： 35.5 ： 34.6），第二产业占主导地位，其产值份额超过一半，同时又有一定规模的农业，第三产业也开始逐步发展起来。目前属于工业化中期阶段，产业结构升级潜力较大。

8.1.1 山东省产业结构现状分析

（1）第一产业和从业人员的比重持续下降，产业结构逐步合理

山东省是农业大省，多年以来农业总产值一直位居全国首位。自改革开放以来，山东省农业在国内生产总值中所占的比重逐年降低。从 1980 年的 36.4% 下降到 1990 年的 28.1%，十年降低了 8.3%。而 2000 年比 1990 年降低了 13.3%。由此可见，山东省产业结构得到了进一步优化。比较来说，上世纪 80 年代农业所占比重较大，同时下降的幅度较小。综合来看，20 年来农业有 24.3% 的降幅，2003 年农业在国内生产总值中所占的比重只有 11.9%。农业从业人员比重由 1980 年的 78.85% 降至 2000 年的 43.59%，幅度很大，实现了第一产业人口向第二产业、第三产业的转移。

（2）第二产业比重先降后升，从业人员比重大幅下降后趋于稳定

在刚刚开始改革开放的 20 世纪 80 年代，第二产业所占比重不但没有上升，反而呈现小幅度的下降：由 1980 年的 50% 下降至 1990 年的 42.1%，共下降了 7.9%。在 20 世纪 90 年代，第二产业开始迅猛发展，所占的比重开也逐步上升，2000 年达到 49.7%。同时期第一产业比重却下降了 13.1%，且 2003 年第二产业所占比重已达到 53.5%。第二产业的从业人口自 1980 年的 12.27% 上升到 1990 年的 22.82%，其后的 90 年代却开始趋于稳定，基本上在 22% 左右。80 年代从业人员比重大幅上升，主要是第一产业的从业人员转移的原因。而 90 年代，第一产业的从业人员主要向第三产业转移，第二产业的从业人员所占比重基本保持稳定，但是所占国内生产总值比重却增大了，说明 90 年代山东省第二产业的劳动生产率大幅提高。

（3）第三产业比重逐年上升，从业人员比重也持续上升

20 世纪 80 年代第三产业服务业增长相当迅速，自 1980 年到 2018 年，共增长了 1062.27%，而同时期的第一产业和第二产业在国内生产总值中所占比重却都是下降的。由于在改革开放初期生活必需品短缺、商业餐饮等服务业基本由国家垄断经营，在 80 年代里经济逐步实行市场化后，在商业领域生活资料逐步丰富起来，批发零售业、餐饮业也在人民生活水平提高之后需速发展起来，也就使得第三产业所占的比重迅速上升。在 20 世纪 90 年代，第三产业发展相对缓慢。1990 年到 2018 年间在 28 年中平均增长了 27.9%，与 80 年代的 16.2% 相差巨大。

在 20 世纪 90 年代工业化迅速发展的阶段，山东省的第三产业却偏偏出现了缓慢提升的状态。对山东省来说，山东省在第三产业上仍有很长的路走。要优化产业结构，必须优先发展服务业，尤其是重视新兴的金融保险业、房地产业、信息服务业等的发展，让山东省第三产业实现一个质的变化。

（4）三大产业性质特征与前景

从长期来看，三大产业对经济总量的贡献率已由自身性质决定。农业对山东省经济总量增长促进作用较小，但农业作为山东省经济发展基础地位是不会改变的，这是由农业自身性质决定的。农业从古至今都是国民经济发展的基础，是工业等其他部门发展的前提，是支持整个国民经济不断增长与进步的保障。农业为劳动力提供了基本的生活物质，所以各产业在发展过程中对农业的依赖程度不会改变。但农业是劳动密集型产业，创造的附加价值低，对人才的需求量有限，并且世界人口是有限的，劳动力对食物的需求量也是有限的，所以第一产业只会缓慢增长，并且在生产总值中占比会不断下降。由恩格尔系数可知，随着家庭收入的增加，家庭收入中用来购买食物的支出

比例会不断下降，这也从另一方面表明农业在国民生产总值中比重也会不断下降，第一产业产值不会暴增，只会缓慢增长。

工业对经济总量增长的促进作用最为明显，表明一段时期内，第二产业在山东省经济增长中居于主导地位。主要支柱型产业包括化工、新能源、冶金、建筑、食品、建材、机械等，为国民经济各部门提供先进的技术设备、能源和原材料，为满足人们生活需要提供了物质基础。但根据利润成本费用率发现：与发达城市相比，山东省工业利润成本费用率低，增长速度缓慢，这表明山东省工业化发展还处于低水平的工业阶段，现阶段资本存量不足，技术欠缺，所以此时要投入更多的资金来发展第二产业。此外，工业化企业间发展不平衡，企业组织结构不合理，山东省人力资本素质偏低，工业发展过多依赖于廉价的劳动力和物质能源，技术发展不足，导致能源利用率低，工业成本较高。所以，为振兴支柱型产业，要引进和培养人才，走新型工业化发展道路。

第三产业是衡量一个国家现代经济的重要特征，它最具发展潜力和创造性。行业种类繁多，包含批发与零售，社会保障和社会服务，信息传输、软件和信息技术服务，教育和房地产业，水利、环境和环境公共设施管理，交通运输、仓储和邮政，体育和娱乐业等。第一产业和第二产业是第三产业发展的动力，随着收入的提高，国民对生活水平的要求也越来越高，第三产业改变了国民的生活方式，提高了国民的生活质量，优化了产业结构，并促进了市场繁荣的，还有很大的发展空间。近年来，第三产业的增长速度大于第一产业和第二产业，但山东省第一、第二产业发展仍处于低水平阶段，所以对第三产业的需求不足。

（5）山东省各行业对"高精尖缺"人才需求情况

重点领域人才需求旺盛。从所有制来看，公有制企业人才需求占 7.1%，其中，企业经营管理人才占 12.1%，专业技术人才占 26.6%，技能人才占 61.3%；非公有制企业人才需求占 92.9%，其中，企业经营管理人才占 24.9%，专业技术人才占 27.8%，技能人才占 47.3%。从行业来看，装备制造、能源资源、金融财会、现代交通运输、科技需求较大，分别占总需求的 22.5%、18.7%、9.5%、8.8%、5.4%。高校及科研院所专业需求排名前十位的分别为工商管理学，交通运输学、教育学、计算机、外国语言文学、轻工、法学、中国语言文学、经济学、数学，占总需求的 40.6%，要求研究生学历的占 68.6%。

8.1.2 山东省"高精尖缺"人才结构分析

（1）山东"高精尖缺"人才的行业分布

人才的行业分布与产业结构有关，产业的发展阶段决定所需人才的素质和投入量，不同产业结构下的人才素质和人才类型需求不同。以山东省的R&D人员行业分布来分析山东省人才的行业分布，在2016年中，第二产业R&D人才总数比上一年增加6.7%，第三产业R&D人员比上一年增长5.9%，第一产业R&D人员保持数量不变。第二产业的R&D人才主要分布于制造业、采矿业和建筑业。制造业的R&D人才数占第二产业R&D人才总数的90.6%，采矿业占5.6%，建筑业占3.1%，电力、燃气及水的供应业占0.7%。第三产业的R&D人员主要分布于科学研究和技术服务业，信息传输、软件和信息技术服务业，金融业，教育，卫生和社会工作，交通运输、仓储和邮政业，租赁和商务服务业。科学研究和技术服务业占比为23.5%，教育占比为48.6%，卫生和社会工作占比为20.5%，信息传输、软件和信息技术服务业占比为6.1%，金融业占比为0.3%，交通运输、仓储和邮政业占比为0.07%，租赁和商务服务业占比为0.2%。从人才的行业分布情况可以看出，山东省高端人才主要集中于第二产业中的制造业，这是因为山东省目前还处于大力发展工业阶段，产业结构水平低。第三产业高端人才集中于教育和科学研究和技术服务，与发达城市相比，第三产业科学研究和技术服务业占比较小，并且人才数量少，高端人才一般都流向资本充足和技术设备完善的地区和产业，表明信息技术发展环境不成熟，无法吸引高端人才，第三产业还有很大的发展空间。

（2）山东"高精尖缺"人才行业结构

人才素质稳步提升。企业经营管理、专业技术、技能三类人才年龄结构均呈金字塔形，35岁以下的比例分别为41%、37%、47%。党政人才、企业经营管理人才和专业技术人才中具有研究生学历的近3%，技能人才中大专及以上学历水平的近30%。

人才结构更趋合理。企业经营管理人才、专业技术人才和技能人才主要分布在装备制造、农业科技、金融财会、社会工作等领域，占三类人才总量的54.4%，符合山东省经济社会发展结构。技能人才主要集中在制造业，占61%，是山东省推进"中国制造2025"战略的主力军。重点领域人才需求旺盛。从所有制看，公有制企业人才需求占7.1%，其中，企业经营管理人才占12.1%，专业技术人才占26.6%，技能人才占61.3%；非公有制企业人才需求占92.9%，其中，企业经营管理人才占24.9%，专业技术人才占27.8%，技能人才占47.3%。从行业看，装备制造、能源资源、金融财会、现代交通运输、科技需求较大，分别占总需求的 22.5%、18.7%、9.5%、8.8%、5.4%。高校及科研院所专业需求排名前 10 位的分别为工商管理学，交通运输学、教育学、计算机、外国语言文学、轻工、法学、中国语言文学、经济学、数学，占总需求的 40.6%，要求研究生学历的占 68.6%。

此次统计，共涉及调查法人单位近 70 万家、16 周岁以上农村人口 4720 万人，包括山东省内人才、统计、经济等领域专家在内的 2 万余人直接参与了调查有关工作。数据来自于山东省委组织部、省人力资源社会保障厅、省统计局。

（3）山东"高精尖缺"人才学历层次

在知识经济时代，经济竞争意味着科技竞争，高端人才是科技发展的动力，是产业发展的第一资源。无论是传统新古典模型理论还是新经济增长理论都强调了人力资本的重要性，所以对高等教育中研究生的培养进行了调查。结果发现：近几年，研究生的总量持续增长，且增长速度较快，以研究生占普通高等教育学生的比值来表示人才学历层次，发现研究生占比稳定在 4%。

表 8-1 2010—2017 年山东省人才层次结构

年份	2010	2011	2012	2013	2014	2015	2016	2017
研究生（人）	65034	69004	70455	72962	74313	77630	82055	92051
普通高等教育学生（人）	1631373	645589	1658490	1698545	1796665	1900612	1995880	201526
比例（%）	3.99	4.19	4.25	4.3	4.14	4.08	4.11	4.57

8.1.3 产业结构与科技人才培养结构关系研究

为说明产业结构（IS）与科技人才培养结构（STTS）这两个变量之间的关系，我们采用格兰杰因果关系检验法。其基本思想是：若 A 是 B 的原因，则 A 会先于 B 出现，在加入 A 滞后项的回归模型当中，A 滞后项的系数应统计显著并能够提高模型的解释能力。若假设模型为：

$$Y_t = \sum_{i=1}^{k} \alpha_i Y_{t-1} + \sum_{i=1}^{k} \beta_i X_{t-1} + \mu_t \qquad (8.1)$$

原假设为 X_t 不是 Y_t 的格兰杰原因，也就是 $H_0 : \beta_i = 0$，（$i = 1, 2, \cdots, k$）。构造 F 统计量：

$$F = \frac{(RSS_R - RSS_{UR})/q}{RSS_{UR}/(n-k)} \tag{8.2}$$

如果贡献显著，则拒绝原假设，认为 X_t 是 Y_t 的格兰杰原因。

检验 IS 是否为引起 $STTS$ 变化的原因，首先检验"IS 不是引起 STTS 变化的原因"的零假设，对下面的回归模型进行估计：

$$STTS_t = \sum_{i=1}^{q} \alpha_i IS_{t-i} + \sum_{i=1}^{q} \beta_j STTS_{t-j} + \mu_{1t} \tag{8.3}$$

其中，μ_{1t} 为白噪声序列，满足均值为零、等方差且非自相关。然后用各自回归的残差平方和计算 F 统计量，α_i 为待估系数。最后检验零假设 $H_0: \alpha_i = 0$（$i = 1, 2, \cdots, k$），若其中至少有一个显著的不为零，则拒绝"IS 不是引起 STTS 变化的原因"的零假设，接受 IS 是引起 STTS 变化的原因；同样为了检验"STTS 不是引起 IS 变化的原因"，只需将上回归模型中的变量 IS 与 STTS 调换，做出同样的回归估计和统计检验就可以获得。

鉴于以上的分析，本节选取 1999 年至 2017 年山东省历年第三产业的产值和第一产业的产值，两者之比作为衡量山东省的产业结构（简称 IS）的样本数据，采用 1999 年至 2017 年山东省历年普通高等学校的招生人数和历年中等专业学校的招生人数，两者之比作为衡量山东省的科技人才培养结构（简称 STTS）的样本数据给出了山东省产业结构和科技人才培养结构之间的 Granger 因果关系统计结果。对于山东省产业结构和科技人才培养结构之间的 Granger 因果关系而言，其估计所能得到的可能结果有：

产业结构影响科技人才培养结构，科技人才培养结构影响产业结构，产业结构影响科技人才培养结构，科技人才培养结构也影响产业结构，两者互为因果关系。产业结构和科技人才培养结构之间互不影响，即两者之间没有因果关系。

（1）计量模型的设定

根据以上的理论分析，从数据说明具体衡量高端人才对产业结构升级的影响，选取 1999 年至 2017 年 19 个年度数据，从而全面、准确反映人才与产业结构的关联性，以人才结构为指标，从人才的投入与产出和人才的学历层次两方面入手来选取解释变量。人才是科技发展的基础，是提高生产活动中附加价值的动力，为了更好地衡量人才对山东省经济总量的贡献和人才的产出量，选取技术市场成交额和重要科技成果数量作为解释变量；以研究生与普通高等教育学生的比值为解释变量来衡量人才的学历层次。

产业结构的演进是有规律的，对某一产业结构的高级化程度的判断可以将其与"标准结构"进行比较，产业结构高级化的程度主要表现在四个方面：

产值结构的高级化、资产结构的高级化、劳动力结构的高级化、技术结构的高级化。由于产业结构的演变将由"一二三"向"三二一"转变,所以我们这里选取产值结构作为被解释变量来衡量产业结构的高级化。建立如下计量模型:

$$Y = c + \beta_1 X_1 + \beta_2 X_2 + \beta_3 X_3 + \varepsilon$$

(8.3)

其中,Y 为 1999 至 2017 历年的第三产业与生产总值的比例,X_1 为研究生与普通高等教育学生的数量比值,X_2 为技术市场成交额,X_3 为科技研究成果数量。

表 8-2 1999—2017 年的人才结构与产业结构数据

年份	第三产业比例 (%)	研究生所占比值 (%)	技术市场成交额 (亿元)	重要研究成果数量 (千个)
1999	35.10	3.01	26.19	3.688
2000	34.80	2.80	27.51	3.728
2001	35.70	2.64	28.81	3.112
2002	36.00	2.72	32.19	3.018
2003	34.00	2.88	34.77	2.896
2004	31.70	2.94	45.03	3.028
2005	32.30	3.14	52.57	2.408
2006	32.80	3.12	66.01	2.313
2007	33.50	3.24	71.94	2.346
2008	33.50	3.31	75.09	2.33
2009	34.70	3.59	98.36	2.364
2010	36.60	3.99	100.68	2.367
2011	38.30	4.19	126.38	2.379
2012	40.00	4.25	140.02	2.393
2013	42.00	4.30	179.40	2.332
2014	43.50	4.14	249.29	2.955
2015	45.30	4.08	307.55	3.011
2016	47.30	4.11	395.95	3.016
2017	48.00	4.57	541.61	3.12

用表 8-2 数据对产业结构和人才结构作线性回归分析。

表8-3 产业结构和人才结构线性回归分析表

Variable	Coefficient	Std.Error	t-Statistic	Prob.
C	13.0846	6.327028	2.068054	0.0563
X1	3.7948	1.291329	2.938677	0.0102
X2	0.0195	0.005513	3.533805	0.003
X3	3.0589	1.118059	2.735879	0.0153
R-squared	0.9084	Mean dependent var		37.63684
Adjusted R-squared	0.8901	S.D. dependent var		5.186115
S.E. of regression	1.7193	Akaike info criterion		4.106352
Sum squared resid	44.3388	Schwarz criterion		4.305181
Log likelihood	-35.0103	Hannan-Quinn criter.		4.140002
F-statistic	49.5937	Durbin-Watson stat		1.180727
Prob（F-statistic）	0.0000			

估计结果为

$$\hat{Y}=13.0846+3.7948X_1+0.0195X_2+3.0589X_3 \qquad (8.4)$$
$$(6.3270)\ (1.2913)\ (0.0065)\ (1.1181)$$
$$t=(2.0681)\ (2.9387)\ (3.5338)\ (2.7359)$$
$$R^2=0.9084 \quad \overline{R}^2=0.8901 \ F=49.5937 \ n=19$$

（2）模型检验

对模型的假定条件进行检验。首先，对回归方程是否存在多重共线性进行检验，以其中一个X作为被解释变量，其余X为解释变量做了辅助回归，由表8-4得到各被解释变量的方差扩大因子$VIF_j \leqslant 10$，所以各解释变量之间不存在多重共线性。

表8-4 被解释变量的方差扩大因子值

被解释变量	被解释变量 vif 值
x1	4.1347
x2	3.7359
x3	1.6165

其次，运用white检验该模型是否存在异方差，由表可得，nR^2=13.3509，在α=0.05下，查x^2分布表，得临界值$x^2_{0.05}$（9）=16.9190，因为nR^2=13.3509< $x^2_{0.05}$（9）=16.9190，所以该模型不存在异方差。

表 8–5 white 检验值

F–statistic	2.3634	Prob.F（9，9）	0.1081
Obs*R–squared	13.3509	Prob.Chi-Square（9）	0.1474

最后，对模型在 5% 的显著水平下，查 DW 统计表可知，d_L =0.967，d_U =1.685，由于模型中 $d_L < DW < d_U$，无法确定是否存在自相关，对模型进行 BG 检验，得到 LM=TR2=3.1869，在 0.05 显著性水平下，P 值为 0.0742，由于 $P > 0.05$ 所以不存在自相关。

表 8–6 BG 检验值

F–statistic	2.821525	Prob.F（1，14）	0.1152
Obs*R–squared	3.186928	Prob.Chi-Square（1）	0.0742

其中 R^2=0.9084，调整后的 R^2=0.8901，可决系数很高，说明拟合优度很好；F 检验值为 49.5937，给定显著性水平 α=0.05，在 F 分布表中查出临界值 F_α（3，15）=3.41，明显显著。在 t 检验下，当 α=0.05 时，自由度为 15 的临界值为 2.131，对应的 t 统计量绝对值均大于 2.131，表明当其他解释变量不变的情况下，解释变量技术市场成交额、重要科技研究成果数量、研究生与普通高等教育学生比值对第三产业占比都有显著影响。

由线性回归方程可知，其经济意义为：技术市场成交额每提高 1 亿元，第三产业产值占比提高 0.02%。科技研究成果数量每增加 1000 个，第三产业产值占比提高 3.06%。研究生与普通高等教育学生的比值每提高 1%，第三产业产值占比提高 3.80%。三个解释变量与被解释变量之间都存在正相关，对产业结构优化起到了促进作用。

（3）结论

通过对三大产业的性质分析，发现产业的发展与人民的需求密切相关，通过将山东省产业结构与发达城市进行比较，山东省的产业结构处于中等水平，行业间发展差距较大。分析了人才的产业分布，发现人才主要集中于第二产业，山东省在制造业人才需求量大，表明山东省制造业正处于发展兴盛阶段。对山东省高校人才进行层次分析，发现人才总量逐年增加。构建了"高精尖缺"人才与产业结构升级的计量经济模型，从人才学历结构和人才主要产出成果两方面出发，研究"高精尖缺"人才对产业结构升级具体作用程度。结果显示，技术市场成交额每提高 1 亿元，第三产业产值占比提高 0.02%；科技研究成果数量每增加 1000 个，第三产业产值占比提高 3.06%；研究生与普通高等教育学生的比值每提高 1%，第三产业产值占比提高 3.80%。"高精尖缺"人才与第三产业之间存在显著正相关性，表明人才学历层次与产出成果明显改善了产业结构，对产业结构升级有较大贡献；"高精尖缺"人力资本是促进产业结构优化和提高经济总量的动力。

8.2 山东省"高精尖缺"人才发展背景下科创企业影响因素评价

8.2.1 科创企业影响因素分析

（1）企业外部因素

企业风险因素是指科技创新企业在成长过程中所面临的能给企业造成重大损失，甚至导致创业失败的因素，主要包括技术风险、市场风险、管理风险、生产风险和政策风险等。研究表明，科技创新企业本身在创立和成长过程中面临诸多不确定因素，面临来自多方面的风险和挫折，上述风险因素不同程度地影响着科技创新企业的成长。

市场环境因素是指科技创新企业所面临的市场容量、市场结构以及市场规范程度等，主要包括产业链状况、中介服务状况、市场进入壁垒、市场竞争的公平性、市场进入成本。皮尔、桑波和豪佛等人的研究也表明，市场环境因素是影响创业企业成长的重要因素。

技术支持因素主要是指科技创新企业所处的科技环境状况，主要包括高校和科研机构的数量及其分布、技术交易市场、公共技术服务平台、科技信息服务平台、企业与高校及科研机构合作情况等。国内外学者（Roper、Erik Stam、Karl Wennberg、刘旭东等）研究发现，创业技术水平和技术支持决定了科技创新企业的发展模式和成长速度，不管是科技企业的初创期还是成长期，都需要源源不断的技术支持和创新。也就是说，技术支持因素是促进科技企业成长的关键因素。

竞争环境因素是指科技创新企业在成长过程中所面临的来自供应商、消费者以及同类企业的竞争状况，主要包括新进入者（潜在竞争者）的实力、供应商的讨价还价能力、消费者的讨价还价能力、同行的竞争能力、替代品的威胁等。由于科技企业创业之初大都面临着严重的生存问题，激烈的竞争极有可能导致企业失败。因此，在市场经济条件下，科技创新企业面临的竞争环境是影响其成长的关键因素之一。

对外协作因素是反映科技创新企业营造外部环境、获取所需资源、促进自身成长能力的因素，包括与科研机构的合作、与同行企业的资源共享、与互补企业的战略协作等。随着全球经济一体化进程的加快，竞争与合作已经成为现代企业主要的发展战略。科技创新企业只有顺应发展趋势，注重对外协作，才能不断增强竞争能力，实现企业快速成长。

企业文化指员工在企业经营管理过程中形成的、与企业组织行为相关联的、被共同遵守的企业价值观和行为准则。社会文化是与生产和生活实际相连的、由群众共同创造的、具有区域特征并能对社会群体产生影响的各种文化现象和文化活动的总称。本文假设企业与社会文化因素主要包括企业价值观、社会创新创业氛围、传统儒家思想、社会文化的重商倾向等。显然，文化因素（包括企业与社会）对科技创新企业的成长具有持续性、长期性和根本性影响。以上因素汇总见表8-7。

表8-7 科技创新企业成长影响因素外部因素

因素特征	影响因素	具体内容
外部因素	企业风险	技术风险 市场风险 管理风险 生产风险 政策风险
	市场环境	产业链状况 中介服务状况 市场进入壁垒 市场竞争的公平性 市场进入成本
	技术支持	高校和科研机构的数量及其分布 技术交易市场 公共技术服务平台 科技信息服务平台 企业与高校、科研机构合作情况
	竞争环境	新进入者的实力 供应商的讨价还价能力 消费者的讨价还价能力 同行的竞争力 替代品的威胁
	对外协作	与科研机构的合作 与同行企业的资源共享 与互补企业的战略协作
	企业与社会文化	企业价值观 社会创新创业氛围 传统儒家思想 社会文化的重商倾向

（2）企业内部因素

企业家能力主要是指科技企业创业者的创业能力，包括多个方面的内容，选取文化水平、经营管理经验、事业进取心、洞察判断力等四项内容。国内外学者（Peal、李忠民等）在研究影响企业成长的因素时发现，企业家能力在企业成长过程中具有决定性作用，企业家能力的充分发挥能够保持企业持续成长。

企业战略是企业根据环境的变化，结合自身实力和资源设立远景目标，并为实现目标制定策略，作出规划。企业战略一般包括企业竞争战略选择、企业战略与经济环境的切合性、企业战略的实施与监督等，企业的一切活动都应围绕企业战略的实施展开。因此，正确的战略目标和实现目标的战略管理手段，对企业至关重要。如果企业战略决策失误将会造成企业重大损失，甚至创业失败。所以，企业战略对科技创新企业成长具有重大影响。

企业管理水平是指企业利用人、财、物、信息等资源获得经济效益，实现企业目标的效率状况。企业管理水平体现在企业运行过程中的各个方面，较高的管理水平将会帮助企业渡过创业难关，实现良性发展；相反，企业也会由于缺乏管理造成创业失败。本文选取决策效率、核心团队稳定性、管理制度完善程度、内部沟通与协作、企业信用状况和企业信息透明度等因素，用以表征企业管理水平。

企业技术创新主要是指企业内部具有的创新能力，一般用研发经费投入和研发队伍状况表示。对于科技创新企业而言，技术是命脉，企业内部的技术创新能够使企业不断形成高于竞争对手的竞争优势。研究证明，创新是现代企业经济活力之源，是企业制胜的源泉，技术创新是企业成长的基本驱动力，对科技企业尤其如此。企业技术创新与企业成长之间存在正相关关系。

企业资源是指企业正常经营所需要的企业自身所拥有的各种资源的状况。显然，企业资源是科技创新企业成长的基础，雄厚的资源将有利于企业实现快速成长。根据学者研究（姚晓芳等；吕明非等），科技创新企业需要多种资源，概括起来主要包括人、财、物、信息等方面。本文选择企业财务状况、政府税费政策、原材料来源、人力资源状况、员工培训状况、考核与分配制度、企业信息化建设等七个因素代表企业资源。以上因素汇总见表8-8。

表 8-8 科技创新企业成长影响因素内部因素

因素特征	影响因素	具体内容
内部因素	企业家能力	文化水平 经营管理经验 事业进取心 洞察判断力
	企业战略	企业竞争战略选择 与经济环境的契合性 企业战略实施与监督
	企业管理水平	决策效率 核心团队稳定性 管理制度完善程度 内部沟通与协作 企业信用状况 企业信息透明度
	企业技术创新	研发经费投入 研发队伍状况
	企业资源	企业财务状况 政府税费政策 原材料来源 人力资源状况 员工培训状况 考核与分配制度 企业信息化建设

8.2.2 基于熵权系数法的科技创新企业影响因素评价研究

首先采用德尔菲法，选取 9 位专家作为调查对象，对山东省科技创新企业成长影响因素指标体系进行了完善。根据专家提出的意见，对原设置的包含 5 个二级指标 32 个三级指标的指标体系进行调整和补充，修正后影响因素指标体系扩展为 11 个二级指标，49 个三级指标。根据修正后的影响因素指标体系，对山东省科技创新企业进行调查，共选择济南、青岛、潍坊、淄博、烟台、威海、临沂 7 个城市，80 家科技创新企业，10 个创业园，10 所大学、研究机构，面向创业企业负责人、园区管理干部以及大学与研究机构的专家的意见想法进行统计。

（1）信度分析

为了对指标信度进行可靠性分析，引入克朗巴哈系数 a（Cronbach's a），根据 DeVellis 的研究，a 小于 0.65 的指标应予剔除，a 在 0.65~0.7 之间的指标可以被接受，在 0.7~0.8 之间的指标信度很好，在 0.8~0.9 之间的指标信度非常好。利用 SPSS16.0 软件对山东省科技创新企业成长影响因素指标体系进行信度分析，各个指标的克朗巴哈系数 a（Cronbach's a）如表 8-9 所示。

表 8-9　各指标克朗巴哈系数

	三级指标名称	Cronbach's Alpha 系数
F_1	企业风险	0.704
F_2	市场环境	0.726
F_3	技术支持	0.933
F_4	竞争环境	0.719
F_5	对外协作	0.850
F_6	企业家能力	0.700
F_7	企业战略	0.666
F_8	企业管理水平	0.831
F_9	企业技术创新	0.847
F_{10}	企业资源	0.871
F_{11}	企业与社会文化	0.903

由表 8-9 可知，指标"企业战略"的 a 系数最低，但大于 0.65 的最低限，可以被接受。而企业风险、市场环境、竞争环境、企业家能力 4 项指标的 a 系数都在 0.7~0.8 之间，说明其信度很好。技术支持、对外协作、企业管理水平、企业技术创新、企业资源和企业与社会文化 5 项指标的 a 系数均超过 0.8，其中，技术支持、企业与社会文化指标的 a 系数已经 0.9，说明这 5 项指标信度非常好。

（2）效度分析

效度分析一般从指标内容效度和指标构建效度两个方面进行。在指标构建效度方面，借鉴国内外学者的研究成果，结合山东省科技创新企业的实际，构建了初步的影响因素指标体系，然后选取业内专家，运用德尔菲法对指标体系进行调整补充，最后形成山东省科技创新企业成长影响因素指标体系。因此，指标构建效度符合研究要求。

指标内容效度分析是指在进行分析时目标与所测内容的相符程度，采用因子分析法对指标的内容效度进行检验，以判断指标的内容结构是否符合要求。只对三级指标多于 3 个的因子进行分析，如果能够从诸多指标中提取共同因子，则说明指标体系结构紧凑，具有较好的内容效度。

一般认为，KMO（Kaiser-Meyer-Olkin）>0.7，或概率 P 小于显著性水平时，才适合作因子分析。经计算获得的相关数据见表 8-10。

表 8-10 三级指标KMO值及主成分信息

三级指标	KMO指数	Sig	Component	Total	%of Variannce	Cumulative %
企业风险	0.719	0.000	1	2.448	48.96819.514	48.968
			2	0.976	19.514	68.482
			3	0.744	14.881	83.363
市场环境	0.617	0.000	1	2.3395	47.900	47.900
			2	0.960	19.207	67.106
			3	0.895	17.896	85.03
技术支持	0.802	0.050	1	3.796	75.914	75.914
			2	0.449	8.977	84.890
竞争环境	0.666	0.000	1	2.398	47.968	47.968
			2	0.985	19.700	67.668
			3	0.777	15.547	83.215
企业家能力	0.701	0.000	1	2.388	59.694	59.694
			2	0.935	23377	83.072
企业管理水平	0.654	0.000	1	3.040	50.669	50.669
			2	1.202	20.038	70.708
企业资源	0.697	0.005	1	2.631	43.848	43.848
			2	1.253	20.884	64.732
			3	0.823	13.718	78.451
			4	0.542	9.026	87.476
企业与社会文化	0.775	0.000	1	2.867	71.678	71.678
			2	0.580	14.510	86.188

上述分析结果表明，影响因素指标体系的信度和效度情况良好，适合作进一步统计分析。

（3）影响因素的熵权系数分析

采用熵权系数法对各因素的影响程度进行分析。由于计算熵时要取自然对数，因此指标值必须为正数，令 $\mu_{ij} = z_{ij} + d$，其中 d 为使 $d + \min z_{ij}$ 略大于 0 的一个正数。这样便得到了标准化矩阵 $U = \left(\mu_{ij}\right)_{m \times n}$。

熵权系数法计算过程如下：

首先，将各指标同度量化，计算第 j 项指标下第 i 个方案指标值的比重 P_{ij}：

$$P_{ij} = \mu_{ij} / \sum_{i=1}^{m} \mu_{ij}$$

（8.5）

其次，第 j 项指标的熵值：e_j，式中，常数 k 与系统的样本数 m 有关，此时令 $k = 1/\ln(m)$，则 $0 \le e \le 1$。

$$e_j = -k / \sum_{i=1}^{m} p_{ij} \ln\left(p_{ij}\right)$$
(8.6)

最后，计算指标的效用值 $d_j = 1 - e_j$ ， d_j 越大，该指标价值越大，其权重也就大，那么第 j 项指标权重：

$$w_j = d_j / \sum_{j=1}^{n} d_j$$
(8.7)

熵权系数矩阵计算思路：首先，统计出每个指标各个分数的选择频数 x_{ij} ，得到相应矩阵；然后，根据矩阵算出第 j 个指标下第 i 个打分占该指标的比重 P_{ij} ；接着，计算出每个矩阵中第 j 个指标的熵值 e_j ；最后，根据熵值得到矩阵中第 j 个指标的权重 w_j 。在数据处理过程中，由于某些特定状态出现频率为 0，而其对数没有意义，故设定此时内 $p_{ij} \ln\left(p_{ij}\right)$ 值等于 0，计算结果见表 8-11。对同级的各个指标按照权重高低进行排序，权重越大说明该指标对科技创新企业成长影响越大。

表 8-11 各影响因素（各级指标）的熵值（ e_j ）和权重系数（ w_j ）

二级指标	熵值	权重	排序	三级指标	熵值	权重	排序
企业风险	0.403	0.092	3	技术风险	0.586	0.217	2
				市场风险	0.437	0.295	1
				管理风险	0.629	0.195	3
				生产风险	0.639	0.190	4
				政策风险	0.805	0.103	5
市场环境	0.363	0.083	5	产业链状况	0.528	0.275	1
				中介服务状况	0.738	0.153	5
				市场进入壁垒	0.722	0.162	4
				市场竞争的公平性	0.663	0.196	2
				市场进入成本	0.633	0.214	1
技术支持	0.325	0.074	8	高校和科研机构的数量及分布	0.717	0.211	1
				技术交易市场	0.746	0.190	4
				公共技术服务平台	0.722	0.207	3
				科技信息服务平台	0.722	0.208	2
				企业与高线科研机构合作情况	0.753	0.185	5

（续表）

二级指标	熵值	权重	排序	三级指标	熵值	权重	排序
竞争环境	0.359	0.082	5	新进入者的实力	0.632	0.217	2
				供应商的讨价还价能力	0.714	0.168	5
				消费者的讨价还价能力	0.708	0.172	4
				同行的竞争力	0.641	0.212	3
				替代品的威胁	0.608	0.231	1
对外协作	0.205	0.047	10	与科研机构的合作	0.616	0.397	1
				与同行企业的资源共享	0.717	0.293	3
				与互补企业的战略协作	0.701	0.310	2
企业与社会文化	0.346	0.078	7	企业价值观	0.744	0.221	3
				社会创新创业氛围	0.598	0.347	1
				传统儒家思想	0.781	0.189	4
				社会文化的重商倾向	0.720	0.242	2
企业家能力	0.391	0.088	4	文化水平	0.689	0.169	4
				经营管理经验	0.550	0.243	3
				事业进取心	0.482	0.271	2
				洞察判断力	0.432	0.308	1
企业战略	0.298	0.067	9	企业竞争战略选择	0.477	0.371	1
				与经济环境的切合性	0.543	0.325	2
				企业战略实施与监督	0.571	0.304	3
企业管理水平	0.598	0.136	2	决策效率	0.463	0.190	2
				核心团队稳定性	0.437	0.199	1
				管理制度完善程度	0.547	0.161	4
				内部沟通与协作	0.502	0.176	3
				企业信用状况	0.557	0.157	5
				企业信息透明度	0.668	0.118	6
企业技术创新	0.141	0.032	11	研发经费投入	0.654	0.518	1
				研发队伍状况	0.678	0.482	2
企业资源	0.973	0.221	1	企业财务状况	0.676	0.129	5
				政府税费政策	0.683	0.126	7
				原材料来源	0.670	0.131	4
				人力资源状况	0.652	0.139	3
				员工培训状况	0.548	0.180	1
				考核与分配制度	0.583	0.166	2
				企业信息化建设	0.677	0.129	5

按照调研数据之间的熵权系数分析，在企业风险子系统中，市场风险的权重最大，其次是技术风险、管理风险、生产风险和政治风险。这一顺序表明，我国政局稳定，社会和谐，各项政策法规日益完善，所以科技创新企业面临的政治风险最小。另外，新技术在研发过程中已经过多次生产实验，在研发成功后投入生产不会面临多少风险。因此，创业者们较少担心生产风险。管理是企业永恒的主题，无论在成长期还是成熟期都需要加强管理、规避风险。由于市场的不确定性，市场对新技术的需求是没有办法在实验过程中完成的，所以科技企业在创业过程中面临的最大风险是市场风险和技术风险，这也反映了企业初创期的生命周期特征。

在市场环境诸因素中，产业链状况对科技创新企业的影响最大，其次是市场进入成本和市场竞争的公平性，而市场进入壁垒和中介服务状况的影响则相对较小。可以理解，产业链状况不仅反映企业的原材料供给，而且决定企业产品的未来市场，对科技创新企业至关重要。因此，科技企业在创业过程中应注重与上下游企业的合作，培育形成良好的产业链。

在技术支持子系统中，高校和科研机构的数量及其分布、科技信息服务平台和公共技术服务平台对科技创新企业的影响较大。高校和科研机构既是科技成果的主要创造者，又是高端人才的培养机构，因而是区域创新的源泉。科技企业正是依托科技成果、依靠科技人员创办并成长起来的，而获得科技成果和科技人员与高校和科研机构的数量及其分布、科技信息服务平台和公共技术服务平台关系最为直接、最为密切，因而其影响最大。

在竞争环境诸因素中，替代品的威胁对科技创新企业成长的影响最大，而潜在进入者的实力和同行的竞争力以几乎相同的权重影响着科技创新企业的成长，消费者和供应商的讨价还价能力对科技创新企业成长的影响相对较弱。科技创新企业获得竞争力主要依靠其专有技术，而获得该技术成果往往需要较大的投入，一旦出现替代品，必然会给企业造成巨大威胁。因此，替代品的出现是科技创新企业成长过程中面临的主要竞争因素。

与科研机构的合作是科技企业获取新技术的主渠道，尤其对于处在初创阶段的科技企业，因自身研发实力有限，更需要外部科技与人才的支持。

在企业与社会文化子系统中，社会创新创业氛围对科技创新企业成长的影响最大。科技企业发展是人才、资金和企业家共同努力的结果，而企业家与创业企业的成长有赖于一个良好的环境。这种环境必须同时具备"创业精神""容错精神"和"竞争精神"的创新创业氛围。

在企业家能力各因素中，洞察判断力对科技创新企业成长影响最大，其他依次为事业进取心、经营管理经验、文化水平。在科技企业创业过程中，无论对项目(科技成果)的评估与选择、对各级各类法规政策的理解与把握,还是对产品未来市场的预测,都需要创业者敏锐、及时、准确地洞察和判断,这是影响创业成功的决定性因素。在此基础上,依靠创业者强烈的事业进取心和不断积累的经营管理经验,创业企业才能实现健康成长。

企业战略子系统中,权重最大的是企业竞争战略选择,其次分别是企业战略与经济环境的契合性和企业战略实施监督。科技创新企业作为某一领域或行业的新进入者,必然面临来自不同方面的竞争,选择正确的竞争战略对创业企业的成长具有决定性影响。

在企业管理水平各因素中,核心团队稳定性权重最大,其余依次为决策效率、内部沟通与协作、管理制度完善程度、企业信用状况和企业信息透明度。显然,创业团队是企业一切生产经营活动的组织与实施者,拥有稳定的核心团队是企业顺利成长的根本保障。与此同时,由于市场环境瞬息万变,只有提高决策效率,才能抓住实现企业发展的机遇,而内部沟通与协作代表着创业团队的团结和谐程度,进而影响着团队稳定性和决策效率。

在企业技术创新子系统中,内部"高精尖缺"人才是创新的主体,研发费用是研发得以有效进行的基本保障,二者权重相当,缺一不可。根据本次实证分析结果,提高创业企业技术创新能力,应优先增加研发经费投入,再考虑研发队伍建设,以便促进企业成长。

在企业各类资源中,按照权重大小排在前三位的分别是员工培训状况、考核与分配制度、人力资源状况。由此可见,人的因素和制度(主要是人员管理机制)因素对科技创新企业成长的影响最大,物资资源(原材料来源)则在其次。

根据表8-11的影响因素指标体系二级指标的熵权系数分析,按照权重从大到小将各二级指标因素排序,依次为企业内部资源、企业管理水平、企业风险、企业家能力、市场环境、竞争环境、企业与社会文化、技术支持、企业战略、对外协作、企业技术创新,这一顺序就是各二级指标因素对创业企业成长影响由大到小的顺序。其中,企业内部资源和企业管理水平两个因素的影响力远远大于其他九个因素。

8.3 山东省"高精尖缺"人才与产业结构优化实证研究

本节通过建立灰色关联模型、灰色预测模型和 VAR 模型，分析山东省"高精尖缺"人才与产业结构优化的关系。根据主成分分析法，科技教育对"高精尖缺"人才的影响最大。因此，在实证分析时，采用科技与"高精尖缺"人才数（R&D 人员数）占就业人口的比重（记为 R），来衡量山东省"高精尖缺"人才，为了与 R&D 人数更好地匹配，用第二产业 R&D 经费内部支出占 R&D 经费内部支出总额（记为 SI）、第三产业 R&D 经费内部支出占 R&D 经费内部支出总额（记为 TI）、第二产业和第三产业 R&D 经费内部支出占 R&D 经费内部支出总额的比重（记为 DI）来衡量山东省产业机构优化。

8.3.1 基于灰色关联分析的山东省"高精尖缺"人才与产业结构优化的研究

根据灰色系统理论和灰色关联公式，灰色关联分析的步骤如下所示：

（1）特征序列和因素序列的确定

进行关联度分析，首先要确定特征序列和因素序列，才能进行研究。

记特征序列为 $x_0(i)$，收集 p 个数据：

$x_0(i) = \{x_0(1), x_0(2),...,x_0(p)\}, p = 1,2,...,p$；记因素序列为 $x_t(i)$，具有 q 个子序列：$x_t(i) = \{x_t(1) \ x_t(2),...,x_t(q)\}, i = 1,2,...,q$。

（2）无量纲化处理

由于系统中的各个因素量纲不同，无法进行统一比较，需要进行标准化处理，方便后续系统的分析。

（3）求解最大值和最小值

$$M = \max_t \max_k \Delta_t(k) \ \ m = \min_t \min_k \Delta_t(k) \tag{8.8}$$

（4）求解关联系数

$$r_{0i}(k) = \frac{m + \xi M}{\Delta_i(k) + \xi M}, \xi \in (0,1), k = 1,2,...,n, i = 1,2,...,m \tag{8.9}$$

（5）计算关联度

$$r_{0i} = \frac{1}{n}\sum_{k=1}^{n} r_{0i}(k); i = 1,2,...,m \tag{8.10}$$

以山东省省内 R&D 人数占就业人数比重 R 为参考序列 [1]，以 SI，TI，DI 作为比较序列，序列 [1] 为系统特征序列，序列 [1]、[2]、[3]、[4] 的数据统计如下。

表 8-12 参考序列和特征序列源数据

年份	R（序列[1]）	SI（序列[2]）	TI（序列[3]）	DI（序列[4]）
2012 年	0.005891514	0.514578387	0.39981038	0.914388767
2013 年	0.006246281	0.496880065	0.420448582	0.917328647
2014 年	0.006545069	0.484431464	0.434824209	0.919255673
2015 年	0.006742556	0.468012883	0.452957072	0.920969955
2016 年	0.007164233	0.453825571	0.472614316	0.926439887

对表 8-12 用初值法进行无量纲化处理，得表 8-13。

表 8-13 无量纲化处理结果

年份	R（序列[1]）	SI（序列[2]）	TI（序列[3]）	DI（序列[4]）
2012 年	1.0000	1.0000	1.0000	1.0000
2013 年	1.0611	0.9656	1.0518	1.0032
2014 年	1.1121	0.9414	1.0875	1.0054
2015 年	1.1443	0.9095	1.1331	1.0072
2016 年	1.2156	0.8819	1.1821	1.0241

通过对表 8-13 进行计算处理得到差序列值，差序列值分别为：

△ 01=（0.0000 0.0955 0.1707 0.2348 0.3337）

△ 02=（0.0000 0.0093 0.0245 0.0112 0.0335）

△ 03=（0.0000 0.0579 0.1067 0.1371 0.1916）

极差最大值：0.3337；极差最小值：0.0000

给出关联度强弱的界定标准，见表 8-14.

表 8-14 关联度强弱标准

关联度	$0 < ri \leqslant 0.35$	$0.35 < ri \leqslant 0.65$	$0.65 < ri \leqslant 0.85$	$0.85 < ri \leqslant 1$
关联性强弱	低关联	中等关联	较高关联	关联极强

取分辨率 ξ 为 0.5，分别得到灰色关联系数和灰色关联度 r，如表 8-15 所示：

表 8-15 灰色关联系数和灰色关联度

年份	2012 年	2013 年	2014 年	2015 年	2016 年	r
$r[R(k), SI(k)]$	1.0000	0.6361	0.4943	0.4154	0.3333	0.5758
$r[R(k), TI(k)]$	1.0000	0.9470	0.8719	0.9369	0.8327	0.9177
$r[R(k), DI(k)]$	1.0000	0.7422	0.6100	0.5490	0.4656	0.6733

综合上述的计算结果可以知道：

$$r(R, TI) = 0.9177$$

$$r(R, SI) = 0.5758$$

$$r(R, DI) = 0.6733$$

$$r(R, TI) > r(R, DI) > r(R, SI)$$

(8.11)

通过以上灰色关联分析，表明第三产业对科技研发人员数的影响最大，与"高精尖缺"人才的关系最为密切，第二产业和第三产业的和次之，第二产业影响相对较弱。

8.3.2 基于 VAR 模型的山东省"高精尖缺"人才与产业结构优化的研究

通过灰色关联性分析，得出第三产业对"高精尖缺"人才的影响较为突出，在此基础上，通过构建计量经济学的 VAR 模型深入探讨它们之间的关系。给出 2001 年到 2016 年 R，SI，TI，DI 数据，如表 8-16 所示：

表 8-16 2001 年—2016 年 R，SI，TI，DI 数据

年份	R	SI	TI	DI
2001 年	0.001453563	0.831951818	0.024728818	0.856680636
2002 年	0.001634614	0.673356316	0.035984027	0.709340343
2003 年	0.001954044	0.661354268	0.035694705	0.697048973
2004 年	0.001891257	0.691417486	0.032442498	0.723859984
2005 年	0.003289049	0.678878082	0.038014899	0.716892981
2006 年	0.003497868	0.662394775	0.041808029	0.704202804
2007 年	0.003776846	0.733641883	0.041170881	0.774812764
2008 年	0.003990857	0.742012482	0.065973519	0.807986001
2009 年	0.004258517	0.738859873	0.075784864	0.814644737
2010 年	0.004375457	0.770507192	0.07580857	0.846315761
2011 年	0.005112545	0.778890959	0.08071209	0.859603049
2012 年	0.005891514	0.791479031	0.082144479	0.873623509
2013 年	0.006246281	0.801037531	0.084725612	0.885763143
2014 年	0.006545069	0.795905816	0.089888384	0.8857942
2015 年	0.006742556	0.804242048	0.088367132	0.892609179
2016 年	0.007164233	0.796717418	0.098355689	0.895073107

（注：R 表示科技与研发人员占就业人口的比重；SI 表示 R&D 第二产业经费支出占 R&D 经费内部支出总额的比重；TI 表示 R&D 第三产业经费支出占 R&D 经费内部支出总额的比重；DI 表示 R&D 第二、第三产业经费支出占 R&D 经费内部支出总额的比重）

由于时间序列数据在做计量分析研究时，容易出现"伪回归"现象，因此必须要对时间序列数据进行平稳性检验即变量的单位根检验，此处选用ADF检验，检验结果如下所示。

表 8–17 ADF 检验结果

变量	(c, t, k)	ADF 统计值	5% 临界值	10% 临界值	结果
LNR	(c, t, 1)	-3.09997	-3.75974	-3.32498	非平稳
DLNR	(c, t, 3)	-5.266684	-3.791172	-3.342253	平稳
LNSI	(c, 0, 3)	-1.850647	-3.144920	-2.713751	非平稳
DLNSI	(c, 0, 3)	-5.086061	-3.119910	-2.701103	平稳
LNTI	(c, 0, 1)	-2.216665	-3.759743	-3.324976	非平稳
DLNTI	(c, 0, 3)	-4.552963	-3.098896	-2.690439	平稳
LNDI	(c, 0, 1)	-2.272627	-3.144920	-2.713751	非平稳
DLNDI	(c, 0, 3)	-6.658170	-3.098896	-2.690439	平稳

由表 8–17 数据显示，LNR，LNSI，LNTI 和 LNDI 均是非平稳的，通过对非平稳数据进行单证检验，首先进行一阶差分检验，发现四个变量的结果都是平稳的，说明变量都是一阶差分单整的。

通过单根检验，LNR，LNSI，LNTI 和 LNDI 都是一阶差分序列，在此基础上对 LNR，LNSI，LNTI 和 LNDI 两两进行协整检验，此处运用 E—G 两步法，对残差序列进行检验，检验结果如下。

表 8–18 协整检验结果

残差序列	ADF 统计量	5% 临界值	10% 临界值	结果
E_1	-1.054088	-1.974028	-1.602922	非协整
E_2	-2.742408	-3.828975	-3.362984	非协整
E_3	-2.077575	-3.081002	-2.681330	非协整

（注：E_1：表示 LNR 与 LNSI 的残差序列；E_2：表示 LNR 与 LNTI 的残差序列；E_3：表示 LNR 与 LNDI 的残差序列）

通过协整分析得到 E_1，E_2，E_3 的 ADF 统计量均大于 5% 和 10% 的临界值，因此 LNR 与 LNSI，LNTI 和 LNDI 都是非协整的，说明接下来可以建立 VAR 模型。

要建立 VAR 模型，要对各个变量之间的因果关系进行检验，通过分析得到，LNSI，LNTI 和 LNDI 在滞后期为 3 期，样本容量为 13 的情况下，F 值统计量都大于 P 值，基本可以确定 LNSI，LNTI，LNDI 和 LNR 之间存在因果关系，可以建立 VAR 模型。

另外，可以看到 LNSI，LNTI，LNDI 和 LNR 之间的存在的是双向的因果关系，但由于重点分析内容是山东省产业结构调整对"高精尖缺"人才的影响，所以后面建立 VAR 模型时主要给出 LNSI，LNTI 和 LNDI 对 LNR 的反应程度。

表 8–19 格兰杰因果检验结果

Null Hypothesis:	Obs	F–Statistic	Prob.
LOGTI does not Granger Cause LOGR	13	3.86435	0.0748
LOGR does not Granger Cause LOGTI		7.50846	0.0187
LOGSI does not Granger Cause LOGR	13	3.24264	0.1025
LOGR does not Granger Cause LOGSI		4.51954	0.0554
LOGDI does not Granger Cause LOGR	13	1.77005	0.2525
LOGR does not Granger Cause LOGDI		4.14845	0.0654

为了更加准确地把握科技研发人员占就业人员的比重 LNR 与第二产业 R&D 经费内部支出占 R&D 经费总支出的比重 LNS，第三产业 R&D 经费内部支出占 R&D 经费总支出的比重 LNTI 和第二、第三产业 R&D 经费内部支出占 R&D 经费总支出的比重 LNDI 之间的变动关系，分别对上述变量通过建立 VAR 模型进行讨论。

（1）LNR 与 LNSI

准确地确定最后阶数滞后期的界定，是建立 VAR 模型的核心，通过表 8-20 计量分析可得，根据 AIC，SC 选取最小准确信息量原则，LNR 与 LNSI 模型选用滞后阶数为 1。

表 8–20 LNR 与 LNSI 滞后期确定

Lag	LogL	LR	FPE	AIC	SC	HQ
0	10.38749	NA	0.001035	-1.198213	-1.106919	-1.206664
1	53.90137	68.37896*	3.71e-06*	-6.843053*	-6.569171*	-6.868406*
2	56.15484	2.897312	5.01e-06	-6.593548	-6.137078	-6.635803

注：*表示系数在 10% 的显著性水平。

通过做 LNR 与 LNSI 的 VAR 模型估计，可以得到参数估计的结果，从而得到 LNR 与 LNSI 的回归模型：

$$\hat{LNR}_t = 0.88962LNR_{t-1} + 0.66550LNSI_{t-1} - 0.49438$$
$$(11.10791) \quad (12.66101) \quad (-1.24852)$$

（8.12）

表 8-21 LNR 和 LNSI 的 VAR 模型估计结果

	LOGR	LOGSI
LOGR（-1）	0.889621	0.116278
	（0.08009）	（0.01701）
	[11.10791]	[6.83679]
LOGSI（-1）	0.66550	0.214524
	（0.05256）	（0.11162）
	[12.66101]	[1.92194]
C	-0.494379	0.416074
	（0.39597）	（0.08409）
	[-1.24852]	[4.94808]
R-squared	0.933408	0.877478
Adj. R-squared	0.922310	0.857058
Sum sq. resids	0.213750	0.009639
S.E. equation	0.133463	0.028342
F-statistic	84.10116	42.97083
Log likelihood	10.59841	33.84060
Akaike AIC	-1.013121	-4.112080
Schwarz SC	-0.871511	-3.970470
Mean dependent	-5.516250	-0.301841
S.D. dependent	0.478827	0.074964
Determinant resid covariance（dof adj.）		1.43E-05
Determinant resid covariance		9.14E-06
Log likelihood		44.45538
Akaike information criterion		-5.127384
Schwarz criterion		-4.844163

由表 8-21 得到 R^2=0.933408，修正可决系数 $\overline{R}^2$=0.922310，可见模型拟合度较好。科技研发人员占就业人员的比重 LNR 能够被第二产业 R&D 经费内部支出占 R&D 经费总支出的比重 LNSI 很好地解释。具体来看，当期的科技研发人员占就业人员的比重 LNR 与第二产业 R&D 经费内部支出占 R&D 经费总支出的比重 LNSI 每增加 1%，都会引起下一期科技研发人员占就业人员的比重 LNR 增加 0.889621% 和 0.66550%。

通过建立 VAR 模型得到了 LNR 和 LNSI 两者的变动关系，对 VAR 模型单位根检验，如下图所示，特征根都在单位圆里，说明所建立的 VAR 模型是平稳的，可以做脉冲响应和方差分解分析。

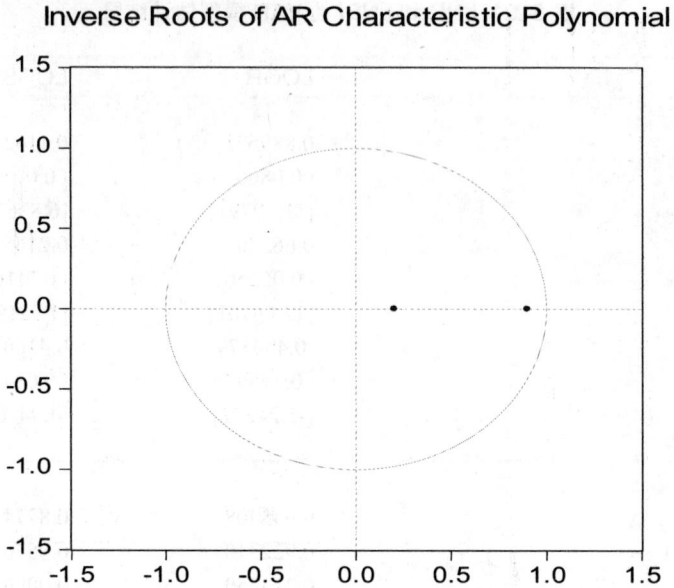

图 8-1 LNR 和 LNSI VAR 模型单位根检验

　　通过以上分析建立向量自回归模型，可在此基础上进一步研究脉冲响应函数和方差分解的效果。根据对脉冲响应函数的定义，由图 8-2 可得，第二产业 R&D 经费内部支出占 R&D 经费总支出的比重 LNSI 会受到自身一个标准差冲击的影响，在其初期阶段会受到负效应的影响。随着时间的推移，逐渐出现上升趋势，是波动不稳定的上升，在第三期达到最顶点，之后出现下降趋势。另一方面，科技研发人员占就业人员的比重 LNR 在其初期会受到其自身一个标准差的扰动而形成一个正效应。但同样地，随着时间的推移，LNR 开始下降，仅在第二期就出现了明显的下滑趋势，在第五期之后，两者相较之前均处于缓慢的下降趋势，整体来讲，LNR 虽前期受到 LNSI 的十分显著的影响，但后期还是处于一种相对稳定的状态。

Response of LOGR to Cholesky
One S.D. Innovations

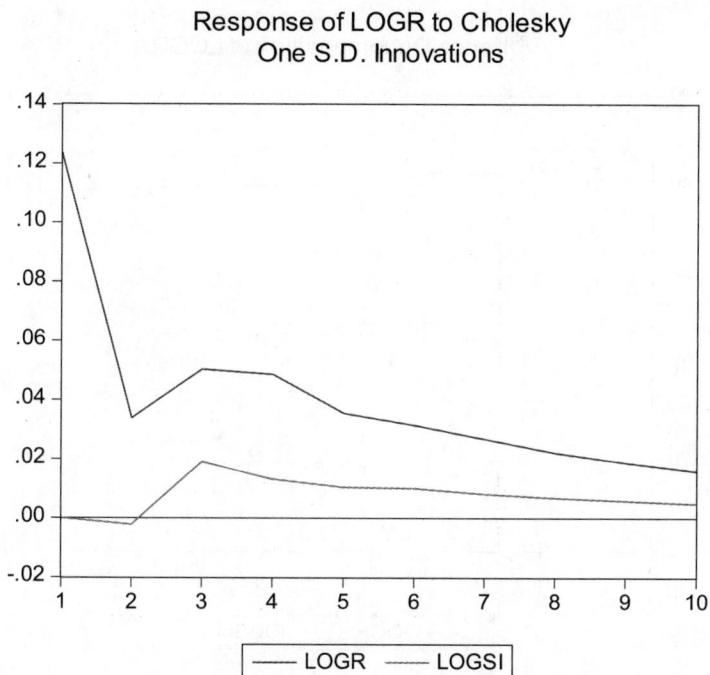

图 8-2　LNR 对一个标准差新息的响应

通过脉冲响应分析得到了第二产业 R&D 经费内部支出占 R&D 经费总支出的比重 LNSI 对科研人员数占就业人数比重 LNR 的冲击的动态变迁，VAR 模型方差分解则是阐述了 LNSI 对 LNR 的重要性。

从图 8-3 的 LNR 的方差分解预测图来看，对科技研发人员占就业人口比重 LNR 进行方差分解之后会发现，第二产业 R&D 经费内部支出占 R&D 经费总支出的比重 LNSI 对 LNR 的影响从成都是逐渐增加的，在第三期之后虽然速度放缓，但整体是呈现上升趋势。在第 5 期之后基本稳定在 20% 左右，这表示第二产业 R&D 经费内部支出占 R&D 经费总支出的比重 LNSI 对 LNR 的动态变迁具有影响，虽然在最初并不明显，但随着时间的推移会逐渐增加。

Variance Decomposition of LOGR

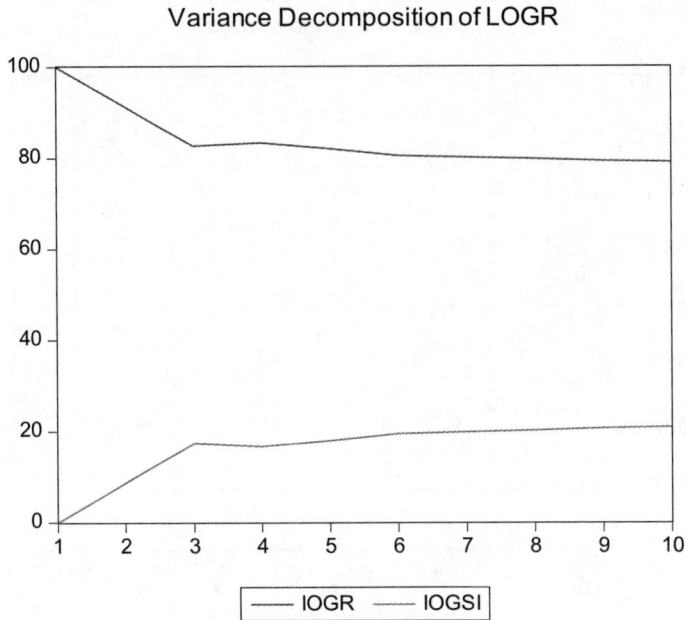

图 8-3 LNR 的方差分解预测图

（2）LNR 与 LNTI

同理，在建立 VAR 模型之前，先准确地判断滞后期的选择，根据 AIC，SC 选取最小准确信息量原则，LNR 与 LNTI 模型选用滞后阶数为 1。

表 8-22 LNR 和 LNTI 滞后期确定

Lag	LogL	LR	FPE	AIC	SC	HQ
0	-0.998220	NA	0.005264	0.428317	0.519611	0.419866
1	21.70625	35.67846*	0.000369*	-2.243751*	-1.969869*	-2.269103*
2	24.60261	3.723881	0.000455	-2.086087	-1.629617	-2.128341

通过做 LNR 与 LNTI 的 VAR 模型估计，可以得到参数估计的结果，从而得到 LNR 与 LNTI 的回归模型：

$$\hat{LNR}_t = 0.831905LNR_{t-1} + 0.787190LNTI_{t-1} - 0.609889$$

$$(4.55364) \qquad (3.71331) \qquad (-1.18995)$$

$$t = 2010, 2002, 2003, \ldots 2016$$

（8.13）

表 8-23 LNR 和 LNTI VAR 模型估计结果

	LOGR	LOGTI
LOGR（-1）	0.831905	0.302018
	（0.18269）	（0.11578）
	[4.55364]	[2.60855]
LOGTI（-1）	0.787190	0.544428
	（0.21199）	（0.21788）
	[3.71331]	[2.49880]
C	-0.609889	0.465427
	（0.51253）	（0.52675）
	[-1.18995]	[0.88358]
R-squared	0.934077	0.905741
Adj. R-squared	0.923089	0.890032
Sum sq. resids	0.211604	0.223508
S.E. equation	0.132792	0.136476
F-statistic	85.01485	57.65463
Log likelihood	10.67408	10.26361
Akaike AIC	-1.023211	-0.968481
Schwarz SC	-0.881601	-0.826871
Mean dependent	-5.516250	-2.815812
S.D. dependent	0.478827	0.411549
Determinant resid covariance（dof adj.）		0.000318
Determinant resid covariance		0.000203
Log likelihood		21.18071
Akaike information criterion		-2.024094
Schwarz criterion		-1.740874

由表 8-23 得到 R^2=0.934077，修正可决系数 $\overline{R}^2$ =0.923089，可见模型拟合度较好，即科技研发人员占就业人员的比重 LNR 能够被第三产业 R&D 经费内部支出占 R&D 经费总支出的比重 LNTI 很好地解释。具体来看，当期的科技研发人员占就业人员的比重 LNR 与第三产业 R&D 经费内部支出占 R&D 经费总支出的比重 LNTI 每增加 1%，都会引起下一期科技研发人员占就业人员的比重 LNR 增加 0.831905% 和 0.787190%.

通过建立 VAR 模型得到了 LNR 和 LNTI 两者的变动关系，对 VAR 模型单位根检验，如图 8-4 所示，特征根都在单位圆里，说明所建立的 VAR 模型是平稳的，可以做脉冲响应和方差分解分析。

Inverse Roots of AR Characteristic Polynomial

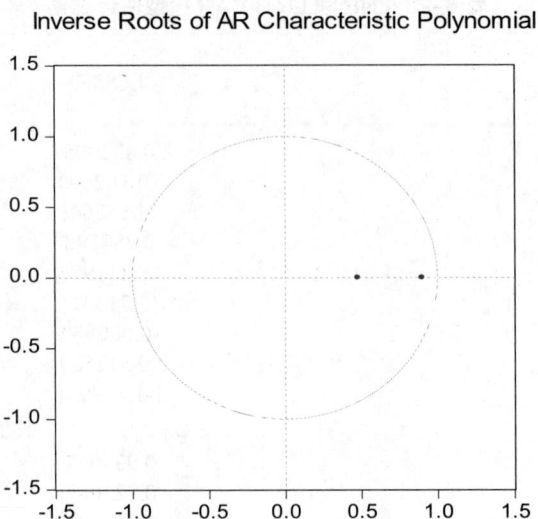

图 8-4 LNR 和 LNTI VAR 模型单位根检验

Response of LOGR to Cholesky
One S.D. Innovations

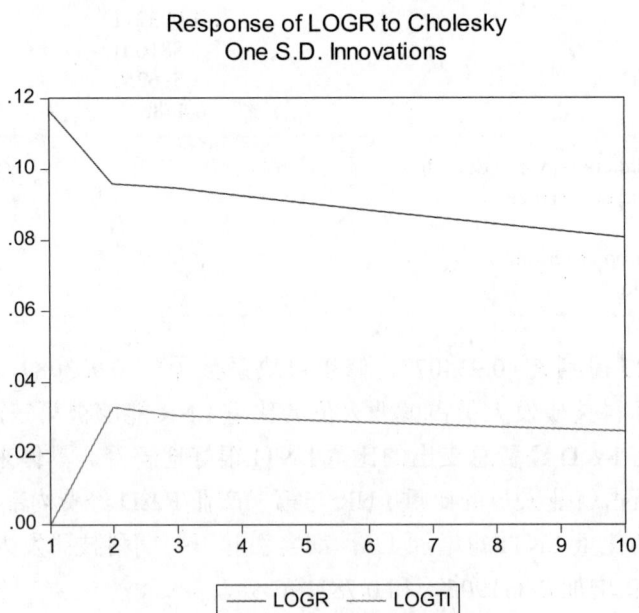

图 8-5 LNR 对一个标准差新息的响应

由图 8-5 可得，第三产业 R&D 经费内部支出占 R&D 经费总支出的比重
LNTI 会受到自身一个标准差冲击的影响，初期阶段呈现正效应，尤其是在第
1 期到第 2 期上升最快速，之后伴随下降趋势呈现稳态。科技研发人员占就业

人员的比重LNR在其初期会受到其自身一个标准差的扰动而形成一个正效应，但同样地，随着时间的推移，LNR开始下降，仅在第二期就出现了明显的下滑趋势。总体来看，LNR虽前两期受到LNTI的十分显著的影响，但后期两者相对平稳。

同理，从图8-6的LNR的方差分解预测图来看，对科技研发人员占就业人口比重LNR进行方差分解之后会发现，第三产业R&D经费内部支出占R&D经费总支出的比重LNTI对LNR的影响是逐渐增加的，在第1期之后便开始大幅增加，第2期之后逐年上升，上升趋势较为缓和。在第7期之后基本稳定在40%左右，这表示第三产业R&D经费内部支出占R&D经费总支出的比重LNTI对LNR的动态变迁具有影响，对比LNSI对LNR的20%的影响程度，LNTI对LNR的影响程度40%高出LNSI近一倍，可以看出相较于第二产业，第三产业更具有影响力。

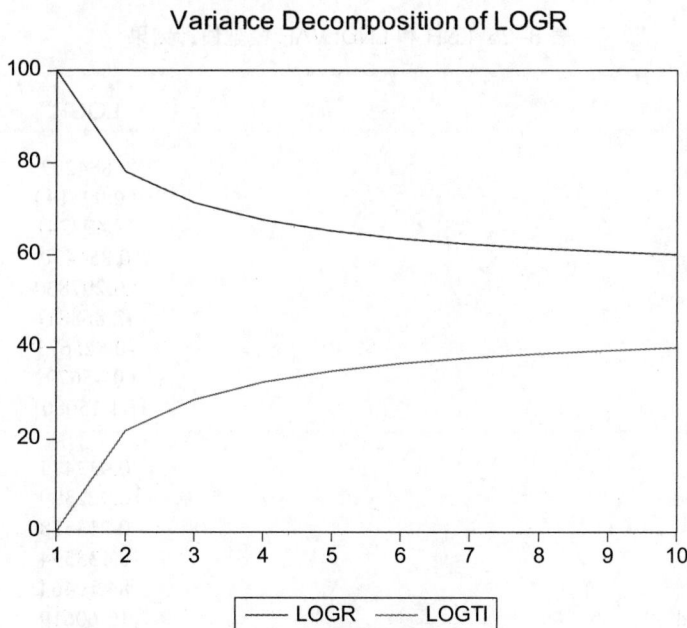

图 8-6 LNR 的方差预测分解图

（3）LNR 与 LNDI

同理，根据 AIC，SC 选取最小准确信息量原则，LNR 与 LNTI 模型选用滞后阶数为 1。

表 8-24 LNR 和 LNTI 的滞后期确定

Lag	LogL	LR	FPE	AIC	SC	HQ
0	57.47524	NA	1.24e-06	-7.925034	-7.833740	-7.933485
1	81.08606	37.10272*	7.63e-08*	-10.72658*	-10.45270*	-10.75193*
2	84.12357	3.905379	9.22e-08	-10.58908	-10.13261	-10.63134

通过做 LNR 与 LNDI 的 VAR 模型估计，可以得到参数估计的结果，从而得到 LNR 与 LNDI 的回归模型：

$$\hat{LNR}_t = 0.884202 LNR_{t-1} + 0.854430 LNSI_{t-1} - 0.525673$$
$$\qquad (9.49324) \qquad (2.86881) \qquad (-1.15080)$$
$$t = 2010, 2002, 2003, \ldots 2016$$

（8.14）

表 8-25 LNR 和 LNDI VAR 模型估计结果

	LOGR
LOGR（-1）	0.884202
	（0.09314）
	[9.49324]
LOGDI（-1）	0.854430
	（0.29783）
	[2.86881]
C	-0.525673
	（0.45679）
	[-1.15080]
R-squared	0.933477
Adj. R-squared	0.922390
Sum sq. resids	0.213528
S.E. equation	0.133394
F-statistic	84.19464
Log likelihood	10.60619
Akaike AIC	-1.014158
Schwarz SC	-0.872548
Mean dependent	-5.516250
S.D. dependent	0.478827

Determinant resid covariance（dof adj.）
Determinant resid covariance
Log likelihood
Akaike information criterion
Schwarz criterion

由表 8-25 得到 R^2=0.933477,修正可决系数 $\overline{R}^2$ =0.9223390,可见模型拟合度较好,即科技研发人员占就业人员的比重 LNR 能够被第二、第三产业 R&D 经费内部支出占 R&D 经费总支出的比重 LNDI 很好解释。具体来看,当期的科技研发人员占就业人员的比重 LNR 与第二、第三产业 R&D 经费内部支出占 R&D 经费总支出的比重 LNDI 每增加 1%,都会引起下一期科技研发人员占就业人员的比重 LNR 增加 0.884202% 和 0.854430%.

通过建立 VAR 模型得到了 LNR 和 LNDI 两者的变动关系,对 VAR 模型单位根检验,如图 8-7 所示,特征根都在单位圆里,说明所建立的 VAR 模型是平稳的,可以做脉冲响应和方差分解分析。

Inverse Roots of AR Characteristic Polynomial

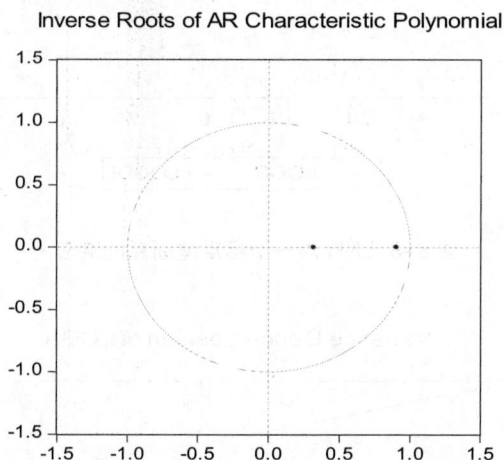

图 8-7 LNR 和 LNDI VAR 模型单位根检验

由图 8-8 可得,第二、第三产业 R&D 经费内部支出占 R&D 经费总支出的比重 LNDI 会受到自身一个标准差冲击的影响,初期阶段呈现正效应,在第 1 期到第 3 期增长幅度大,在低期左右达到最大值,之后出现下降趋势。另一方面,科技研发人员占就业人员的比重 LNR 在其初期会受到其自身一个标准差的扰动而形成一个正效应。但同样地,随着时间的推移,LNR 开始下降,可以看出 LNR 受 LNDI 的影响较大,下降幅度较大,虽下降趋势减缓,但仍保持逐年下降。总体来看,LNDI 对 LNR 有较为长期的显著影响。

Response of LOGR to Cholesky
One S.D. Innovations

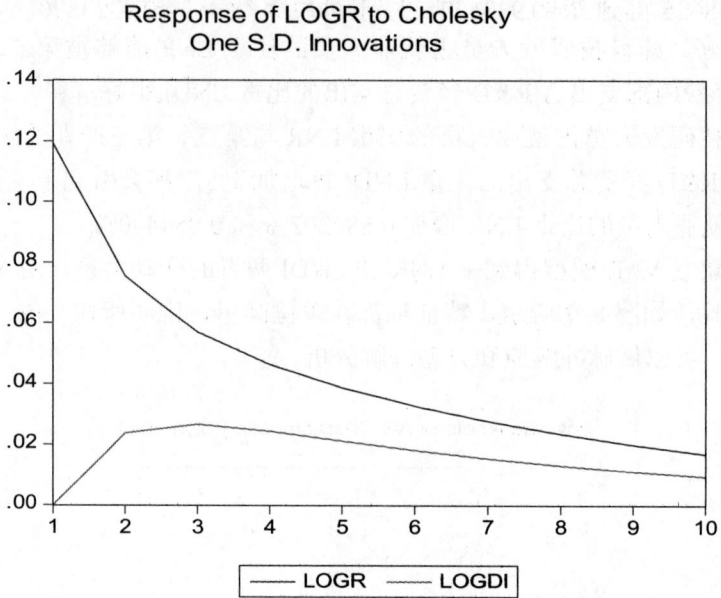

图 8-8 LNR 对一个标准差新息的响应

Variance Decomposition of LOGR

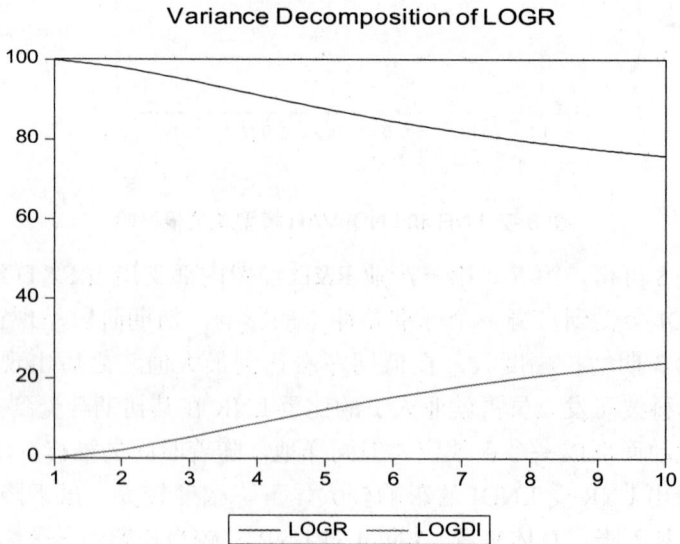

图 8-9 LNR 的方差分解预测图

同理，从图 8-9 的 LNR 的方差分解预测图来看，对科技研发人员占就业人口比重 LNR 进行方差分解之后会发现，第二、第三产业 R&D 经费内部支出占 R&D 经费总支出的比重 LNDI 对 LNR 的影响在初期是缓慢增加的，上升速度较慢，但仍保持上升趋势且达到 20% 左右，这表示第二、第三产业 R&D 经费内部支出占 R&D 经费总支出的比重 LNDI 对 LNR 的动态变迁具有影响，保持稳定的增长速度，且有可能持续上升。

8.3.3 基于灰色预测模型的山东省"高精尖缺"人才与产业结构优化的研究

灰色预测模型引用 GM（1，1）模型，设

$x^{(0)} = [x^{(0)}(1), x^{(0)}(2),...,x^{(0)}(n)]$ 作为一灰原始系列，对 $x^{(0)}$ 作一次累加生成（AGO），得到序列 $x^{(1)} = [x^{(1)}(1), x^{(1)}(2),...,x^{(1)}(n)]$。

另外，

$$x^{(1)}(k) = \sum_{m=1}^{k} x^{(0)}(m) \quad (k=1,2,...,n)$$

（8.15）

建立生成数列的 $x^{(1)}$ 微分方程

$$\frac{dx^{(1)}}{dt} + ax^{(1)} = u$$

（8.16）

其中，$\dfrac{dx^{(1)}}{dt}$ 为序列 $x^{(1)}$ 的灰导数，a 与 u 为待辨识参数

令 $\hat{a} = (a,u)^T$，$Y_N = \left[x^{(0)}(2), x^{(0)}(3),...,x^{(0)}(n), \right]^T$

$$B = \begin{vmatrix} -\dfrac{1}{2}[x^{(1)}(1) + x^{(1)}(2)] & 1 \\ -\dfrac{1}{2}[x^{(1)}(2) + x^{(1)}(3)] & 1 \\ -\dfrac{1}{2}[x^{(1)}(n-1) + x^{(1)}(n)] & 1 \end{vmatrix}$$

运用最小二乘法得到：

$$\hat{a} = (B^T B)^{-1} B^T Y_N$$

（8.17）

解微分方程得到：

$$\hat{x}^{(1)}(k+1) = [x^{(0)}(1) - \frac{u}{a}]e^{-ak} + \frac{u}{a}$$

（8.18）

得到预测值：

$$\hat{x}^{(0)}(k+1) = x^{(1)}(k+1) - x^{(1)}(k) = (1-e^a)[x^{(0)}(1) - \frac{\mu}{a}]e^{-ak}$$

（8.19）

根据数据统计，得到山东省 2012 年到 2015 年的科技研发人员占就业人数比重的数据如下：

表 8-26　山东省 2012 年到 2015 年的科技研发人员占就业人数比重表

年份	2012 年	2013 年	2014 年	2015 年
比重	0.05890	0.00625	0.00655	0.00674

根据提供的数据对 2016 年的 R&D 人数占就业人数的比重进行预测，即原始数据序列为：

$$x^{(0)} = (0.05890, 0.00625, 0.00655, 0.00674)$$　（8.20）

（1）级比平滑检验

只有符合灰建模三条件的数据才能进行灰预测，从而建立 GM（1，1）的模型，通常建模过程中用级比判断来检验，令 $\sigma^{(0)}(k)$ 为 $x^{(0)}$ 的级比。

$$\sigma^{(0)}(k) = \frac{x^{(0)}(k-1)}{x^{(0)}(k)}$$

（8.21）

其中 $k \geq 3$，则当 $\sigma^{(0)}(k)$ 满足 $\sigma^{(0)}(k) \in (0.1353, 7.389)$。

则原始序列数据是平滑的，可以进行数据灰预测：

$$\sigma^{(0)}(3) = 0.00625/0.00655 = 0.95420$$

$$\sigma^{(0)}(4) = 0.00655/0.00674 = 0.97180$$

（8.22）

（8.23）

通过分析可得 $\sigma^{(0)}(3)$、$\sigma^{(0)}(4)$ 均满足建模条件。

（2）GM（1，1）建模

一次累加值 AGO：

{0.05890, 0.06515, 0.07170, 0.07844}

平均值 MEAN：

（8.24）

{0.06203，0.06843，0.07507 }

$$P_{II} = (C, D, E, F)$$

（8.25）

$$= (8230.39, 3828.7, 11048441.303, 25805340.3865)$$

（8.26）

发展系数 A 和作用量 B：

$$a = \frac{CD-(n-1)E}{(n-1)F-C^2} = -0.03752$$

（8.27）

$$b = \frac{DE - CE}{(n-1)F - C^2} = 0.00394 \tag{8.28}$$

所以 GM（1，1）的定义型公式：

$$x^{(0)}(k) + 0.03752z^{(1)}(k) = 0.00394 \tag{8.29}$$

GM（1，1）的白化响应式：

$$\hat{x}^{(1)}(k+1) = 0.0589e^{(0.03752k)} - 0.0020 \tag{8.30}$$

预测结果：

$$\hat{x}^{(0)}(k+1) = \hat{x}^{(1)}(k+1) - \hat{x}^{(1)}(k) = 0.00745 \tag{8.31}$$

即 2016 年 R&D 人数占就业人数的比重将达到 0.00745，当年实际值为 0.00716，预测误差为

$$\frac{0.00745 - 0.00716}{0.00745} = 0.0389 \tag{8.32}$$

即误差为 3.89%。

残差检验：通过运用灰色系统理论建模软件，得到平均相对误差 0.40250%，即模型精度为：

$$P^0 = (1 - e^{(0)}(avg)) \times 100\% = 99.5975\% \tag{8.33}$$

同理，得到 2017 年关于 R&D 人数占就业人数比重 R、第二产业 R&D 经费内部指出占经费总支出的比重 SI、第三产业 R&D 经费内部指出占经费总支出的比重 TI、第二和第三产业 R&D 经费内部指出占经费总支出的比重 DI 的预测值。

表 8-27 山东省 2017 年科技研发人员投入预测表

指标	R	SI	TI	DI
预测值	0.00780	0.43892	0.49253	0.92943
平均相对误差	0.50432%	0.08541%	0.04061%	0.09031%

8.3.4 基于主成分分析的山东省"高精尖缺"人才与产业结构优化的研究

影响"高精尖缺"人才的因素有很多，经济发展、社会生活因素、科技教育因素、社会福利待遇方面等都会对人才产生一定作用。因此，利用主成

分分析的方法研究是影响"高精尖缺"人才的最主要最显著的因素。

（1）指标选取

选取 R&D 人数、R&D 经费内部支出、高等学校数、教育经费、专利批准量、人均 GDP、进出口总值、工业总产值、居民消费总值、城市绿化面积、公路里程数和社会保险基金支出等指标，指标数据如下表 8-28 所示。

表 8-28 "高精尖缺"人才主要影响指标数据

指标／年份	2011 年	2012 年	2013	2014	2015 年	2016 年	2017 年
R&D 人数（x1）	27.54	32.7	38.21	40.94	43.24	44.72	47.64
R&D 经费内部支出（X2）	672.00	844.38	1020.33	1175.80	1304.07	1427.19	1566.09
高等学校数（X3）	133.00	139.00	137.00	140.00	142.00	143.00	144.00
专利批准量（X5）	839.74	1039.59	1372.79	1779.62	1884.78	1967.81	2136.67
人均 GDP（X6）	51490.00	58843.00	75522.00	77356.00	72818.00	98101.00	98093.00
进出口总值（x7）	41106.00	47190.00	51767.81	56885.00	60879.00	64168.30	67706.24
工业总产值（x8）	1889.51	2359.92	2455.45	2671.58	2771.15	2417.49	2342.07
居民消费总值（x9）	11606.00	13524.00	15095.00	16728.00	19184.00	20684.00	21495.00
城市绿化面积（x10）	157945.00	165577.00	176342.00	193646.90	205208.00	213516.80	225794.00
公路里程数（x11）	229858.00	233189.00	244586.00	252785.00	259514.00	263447.00	265719.00
社会保险基金支出（X12）	714.10	886.80	1059.00	1270.50	1557.70	1845.20	2090.30

（2）实证分析

通过操作 Eviews 软件，对表 5-28 的 12 个指标数据进行主成分分析，得到结果如下表 8-29 所示。

表 8-29 主成分分析结果

Eigenvalues：(Sum=12，Average=1)

Number	Value	Difference	Proportion	Cumulative Value	Cumulative Proportion
1	10.95007	10.16735	0.9125	10.95007	0.9125
2	0.782721	0.637781	0.0652	11.73279	0.9777
3	0.144939	0.047377	0.0121	11.87773	0.9898
4	0.097562	0.083958	0.0081	11.97529	0.9979
5	0.013604	0.002499	0.0011	11.98889	0.9991
6	0.011105	0.011105	0.0009	12.00000	1.0000
7	2.96E-16	1.22E-16	0.0000	12.00000	1.0000
8	1.73E-16	1.20E-16	0.0000	12.00000	1.0000
9	5.36E-17	2.70E-16	0.0000	12.00000	1.0000
10	-2.16E-16	1.19E-17	-0.0000	12.00000	1.0000
11	-2.28E-16	8.29E-16	-0.0000	12.00000	1.0000
12	-1.06E-15	---	-0.0000	12.00000	1.0000

Eigenvectors (loadings)：

Variable	PC 1	PC 2	PC 3	PC 4	PC 5	PC 6
X1	0.799871	0.065917	0.181575	0.111455	-0.413258	-0.571440
X2	0.501322	-0.075445	0.003607	-0.027778	-0.231519	-0.217298
X3	0.585254	0.095771	-0.767715	0.400171	-0.031491	0.260579
X4	0.499333	0.052808	0.194269	-0.242658	-0.383593	0.559254
X5	0.280457	-0.266446	0.457712	0.730502	0.135521	0.205112
X6	0.301969	-0.033981	-0.040499	-0.005952	-0.126187	-0.116639
X7	0.181113	0.902922	0.109816	0.090564	0.094041	-0.045712
X8	0.301128	0.075804	0.076468	-0.105378	0.212257	0.047792
X9	0.299937	-0.090848	-0.127190	-0.113490	0.561953	-0.223229
X10	0.298555	-0.127967	-0.079996	-0.305130	-0.220507	0.206726
X11	0.299335	-0.013717	0.221731	-0.302591	0.417042	0.160551
X12	0.293756	-0.244996	-0.197742	-0.131400	0.030934	-0.259189

PC 7	PC 8	PC 9	PC 10	PC 11	PC 12
-0.127091	0.017473	0.058026	-0.168646	0.126660	-0.546540
-0.536114	0.289643	0.039667	0.141079	-0.045969	0.637972
-0.155064	0.099728	0.081349	-0.116966	-0.056590	-0.183166
0.153320	0.215644	-0.110854	-0.338899	0.389710	0.045337
0.095604	-0.017810	0.014629	0.188587	0.023131	0.031769
0.323883	-0.565694	0.238165	-0.414673	-0.315765	0.350945
0.192578	0.041763	0.051870	0.249754	0.016446	0.128715
-0.237807	-0.194398	-0.792938	-0.103351	-0.306867	-0.106513
-0.033027	-0.169805	0.033467	-0.086903	0.678968	0.086667
-0.047285	-0.424387	0.128521	0.685762	0.031832	-0.182993
-0.177487	0.278308	0.480450	-0.136072	-0.383161	-0.254296
0.637472	0.461627	-0.198258	0.214959	-0.152528	0.030538

根据表8-29的主成分分析结果可知，number1的特征跟10.95>1，且累计贡献率大于85%，仅它本身的贡献率就已经达到了91.25%，所以第一主成分的影响比较显著。

其次，通过制作碎石图也能发现，只有第一主成分的值大于1，说明第一主成分最为显著。

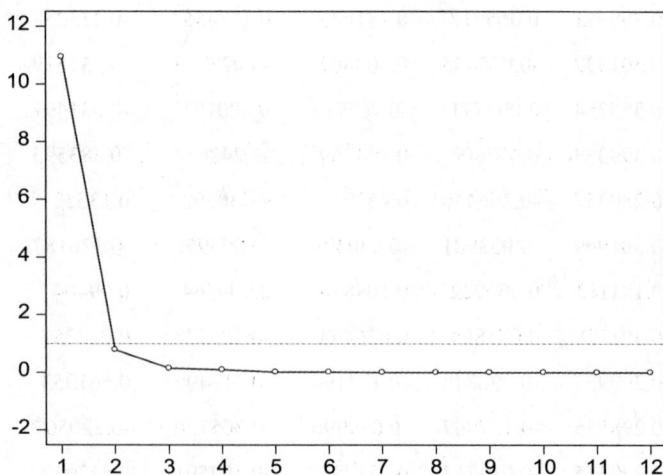

图8-10 碎石图

通过以上主成分分析，结合表8-29续表的结果，根据相关系数的绝对值越大则相关性越强，可以得到关于第一主成分的关系式，如下所示：

$$y_1 = 0.7999x_1 + 0.5013x_2 + 0.5853x_3 + 0.4993x_4 \qquad (8.34)$$

即通过以上的分析，不难发现，X1、X2、X3、X4 是影响最为显著的因素，分别对应的是 R&D 人数、R&D 经费内部支出、高等学校数、教育经费这四项，均属于科技教育因素，则认为科技教育在山东省"高精尖缺"人才方面的影响最为显著。

8.4 本章小结

通过本章的分析，不难发现在新旧动能转换视角下，产业结构的优化对"高精尖缺"人才的确有不可或缺的重要作用。当前，山东省出台一系列积极政策，比如"外专双百计划""创新创业领军人才聚集计划""深化供给侧改革"等，通过优化调整产业结构，着力推动"高精尖缺"人才政策的落实，切实达到吸引人才、留住人才、聚集人才的作用。

（1）把握新旧动能转换核心，注重人力资源的培育

新旧动能转换的核心在于延长制造业的时间线，避免出现欧美、日本等国家出现制造业空心化后再提出振兴制造业的问题。我国制造业的发展整体结构较为成熟，抓紧制度层面设计，加强顶层设计的指导作用，深入探讨制造业同互联网之间纽带的联系，做好整体产业布局规划，延长产业周期，将龙头产业尽量留在国内，保留核心技术和研发力量。另外，在新旧动能转换视角下，需要注重人力资源的培育，加大教育力度，培养核心体系和骨干力量，为摸着石头过河配备过硬的技术指引和实践基础。同时，注重将人力资源的培育同现代科学技术——数据资源、战略资源加以联系，利用 VR 技术等虚拟科技提高人员质素、技术素养等层面的建设，切实地将产业结构调整与"高精尖缺"人才紧紧地联系在一起，推动山东省产业结构调整达到预期的效果。

（2）优化经济环境，深化供给侧改革

党的十九大报告中指出，在"新时代"背景下，经济方面要贯彻"新发展"理念，即经济发展要突出"创新、绿色、协调、开放、共享"，由高速增长向高质量发展转变，突出强调经济发展的质量和效益，而不是一味地追求高速度。"高精尖缺"人才的发展离不开良好的经济建设，第二、第三产业的优化升级对"高精尖缺"人才的培养、吸引都具有明显的带动作用。因此，根据当前经济形势，贯彻落实"深化供给侧改革"从而推动产业结构调整的举措刻不容缓。首先，集中力量排除产能过剩、污染损耗过大的企业，化解

房地产库存，减轻借贷或发债的压力，降低企业成本，补缺基础设施等短板。其次，重点发展实体经济，与传统经济不同的是，"新时代"实体经济更加强调与互联网、大数据、人工智能相结合，推动"线上"的企业走到"线下"，"线下"的企业走到"线上"，两者相辅相成。通过"三去一降一补"政策，加速产业结构的深度调整和升级，从而推动"高精尖缺"人才政策的落实和发展。

（3）深入优化产业结构，加强第三产业的有效带动作用

通过对山东省与其他省的产业结构分析比较可知，山东省产业结构调整程度有待提高，第二产业仍占据重要地位，第三产业后来居上，增长速度落后于广东省，发展较为缓慢，因此，大力优化第三产业内部结构显得尤为重要。首先，优化升级第三产业的突破口在于提高市场化程度：要充分提高服务行业的市场开放化程度，在不涉及国家安全的前提下，逐渐打破第三产业内部，比如通讯、铁路运输、教育科研、社会保障等方面的垄断局面，加强市场调节机制的运行。正如习近平同志在十九大报告中指出的：要逐步提高市场在资源配置中的决定性作用。其次，应大力发展生产性服务业，作为优化第三产业内部结构的切入点：要坚持走新型工业化道路，精准定位到制造业的发展，完善制造业的信息化生产，提高生产效率，打造核心品牌。积极开拓新技术、新领域，实行公开、透明的市场准入制度，还要加大对生产性服务行业人才的培养力度，建立职业技能培训制度，扎实金融业、咨询服务业、保险业的人力资源基础。最后，通过调整市场机制、价格机制来有效地调节生成性服务行业的稳定发展，从而带动第三产业的结构调整和转型升级，进一步吸引和抓住"高精尖缺"人才。

（4）优化教育环境，充分发挥高等学校的人才培养和输送能力

从本质上讲，"高精尖缺"人才和产业结构调整升级是相辅相成的，高级人才的培养和输入也有利于优化产业结构。高等教育在我国现代化教育、高新技术创新、科学技术发展占据着重要的战略地位。换言之，高等学校是高级人才培养的摇篮。必须改革传统的教育观念，改变传统的"应试观"和以"教学模式"为目标的人才培养机制，落实素质教育，大力培养适应新潮流新思想的创新型人才，尊重学生的主体地位，引导学生独立思考和实际操作的能力，注重理论与实际相结合。要增加高校的科研经费，高校不仅是高级人才培养的源泉，更是科技研发成果的培养皿，科研水平的提高能够直接作用于社会生产力水平的提升甚至于质的飞跃，探索人才奖励机制和分配机制。比如，按月给予生活补助费、发放住房补贴、设立家属落户、配偶就业、子女入学方面享受绿色通道，在吸引人才方面拿出"真金白银"的诚意，着力实现更高质量更高水平的发展，突出高级人才产业结构创新驱动转型发展的作用。

参考文献

[1] 黄维德，郗静，汤磊 . 上海人才贡献率研究 [J]. 华东理工大学学报（社会科学版），2010，25（2）：72-78.

[2] 郭克良，张子麟，蒙运芳 . 基于柯布 - 道格拉斯模型的人才贡献率研究——以河北人才资本对经济增长贡献率分析为例 [J]. 学术论坛，2015，38（1）：55-59.

[3] 景跃军，刘晓红 . 创新型人力资本与我国经济增长关系研究（1990-2010）[J]. 求索，2013（1）：218-221.

[4] 李培泓，张世奇 . 河北省人力资本对经济增长贡献率的实证分析 [J]. 河北学刊，2011，31（1）：227-230.

[5] 马宁，王选华 . 中国人才贡献率测度：1978-2015[J]. 统计与信息论坛，2017，32（12）：102-108.

[6] 付仁峰 . 基于柯布 - 道格拉斯生产函数的人才资本贡献率实证研究 [J]. 科教导刊（下旬），2018（9）：5-6.

[7] 严光菊，赵成文，王虹，等 . 泸州重点产业高层次人才现状分析 [J]. 合作经济与科技，2011（7）：10-11.

[8] 赵宏伟，郗永勤 . 我国高层次人才集聚途径之研究——以福建省为例 [J]. 科技管理研究，2012，32（1）：118-121.

[9] 刘航，汤良，吴占坤 . 齐齐哈尔市高层次人才现状及发展对策研究 [J]. 理论观察，2013（10）：79-80.

[10] 王通讯，任文硕 . 我国区域人才强国战略实施评价实证研究 [J]. 科研管理，2011，32（4）：113-119.

[11] 陆莎，黄鸿春 . 广西专业技术人才需求的预测模型 [J]. 广西师范学院学报（自然科学版），2003，20（3）：59-65.

[12] 杨卫疆，周桂荣，王雪萍 . 我国人才需求预测模型的构造 [J]. 天津师范大学学报（自然科学版），2003，23（4）：58-60.

[13] 田静 . 新疆人才资源需求预测 [J]. 统计与决策，2006（3）：99-100.

[14] 陶良虎，周志刚，孙纯 .2001 年 -2010 年湖北省高级人才需求预测 [J]. 武汉理工大学学报（社会科学版），2001，14（1）：44-48.

[15] 李涛，宋光兴 . 区域人才资源需求预测方法研究 [J]. 云南财经大学学报，2006，22（3）：91-95.

[16] 王鹏涛，高喜珍 . 人才需求及质量预测模型 [J]. 系统工程理论与实践，2000，20（12）：123-128.

[17] 徐善楼，卞超，谢嗣胜 . 人力资本对经济发展贡献率的计量研究——以江苏省 1996-2007 年面板数据 [J]. 价值工程，2010，29（17）：122-123.

[18] 贺勇，廖诺，杨倩霞 . 基于聚类分析和 Cobb-Douglas 函数的我国人才经济贡献率测算 [J]. 数学的实践与认识，2014，44（19）：130-138.

[19] 夏业领，何刚 . 创新人才对经济增长贡献率研究——以安徽省为例 [J]. 巢湖学院学报，2017，19（5）：7-13.

[20] 岳书敬 . 我国省级区域人力资本的综合评价与动态分析 [J]. 现代管理科学，2008（4）：36-37.

[21] 吴中伦，陈万明 . 构建区域人才结构评价指标体系推动区域经济可持续发展 [J]. 中国人才，2009（5）：17-20.

[22] 饶征，孙波 . 以 KPI 为核心的绩效管理 [M]. 北京：中国人民大学出版社，2003.

[23] 苏钧 . 员工工作分析、薪酬设计与绩效考核实务全书 [M]. 经济科学出版社，2007.

[24] 林琳，时勘，萧爱铃 . 工作投入研究现状与展望 [J]. 管理评论，2008，20（3）：8-15.

[25] 刘昕 . 我国公务员考核制度的创新及其实践建议 [J]. 经济与管理研究，2007（5）：29-32.

[26] 周威 . 谈高校在高层次人才引进工作中应注意的几个问题 [J]. 中国高校师资研究，2009（5）：14-18.

[27] 王定，牛奉高，郎永杰 . 高校绩效评价的研究现状及趋势分析 [J]. 黑龙江教育（高教研究与评估），2011（1）：34-36.

[28] 亚当·斯密 . 国富论：国民财富的性质和起因的研究 [M]. 中南大学出版社，2003.

[29] 张再生 . 职业生涯规划 [M]. 天津大学出版社，2007.

[30] 毛艾琳 . 人力资源管理研究的新视角：人才管理 [J]. 社会科学管理与评论，2012（4）：56-61.

[31] 周光礼 . 把握契机探索拔尖人才培养新途径 [J]. 中国高等教育，2011

（01）：28-30.

[32] 刘理辉. 当前我国产业人力资本需求侧的新特点 [J]. 发展研究，2017，（8）：86-90.

[33] 孔德议，张向前. 我国"十三五"期间适应创新驱动的科技人才激励机制研究 [J]. 科技管理研究，2015，（11）：46-56.

[34] 孙寅生. 构建基于创新驱动发展的人才机制 [J]. 河南工程学院学报（社会科学版），2017，32（04）：26-31.

[35] 周光礼，武建鑫. 什么是世界一流学科 [J]. 中国高教研究，2016（01）：65-73.

[36] 范玉鹏，余小波. 一流学科建设的文化困境及其突破 [J]. 研究生教育研究，2019（01）：69-74+86.

[37] 刘小强，彭颖晖. 一流学科建设的三种导向：价值的冲突与统一 [J]. 研究生教育研究，2019（01）：64-68.

[38] 王冀生. 建设具有中国特色的高等教育评估制度的基本要点 [J]. 高等教育研究，1994（1）：43-47.

[39] 方惠坚. 高校办学条件要适应可持续发展要求 [J]. 中国高等教育，2000（19）：14-15.

[40] 樊明武. 纵谈国际化办学思路 [J]. 中国高教研究，2003（3）：14-18.

[41] 蒋林浩，沈文钦，陈洪捷，黄俊平. 学科评估的方法、指标体系及其政策影响：美英中三国的比较研究 [J]. 高等教育研究，2014，35（11）：92-101.

[42] 吴增礼，巩红新. "双一流"建设研究的核心问题 [J]. 大学教育科学，2017（4）：31-36.

[43] 陈露茜. 大学的理想——纽曼《大学的理想》导读 [J]. 教育科学研究，2013（4）：78-80.

[44] 蔡宗模，吴朝平，杨慷慨. 全球化视野下的"双一流"战略与地方院校的抉择 [J]. 重庆高教研究，2016，4（1）：24-32.

[45] 褚照锋. 地方政府推进一流大学与一流学科建设的策略与反思——基于24个地区"双一流"政策文本的分析 [J]. 中国高教研究，2017（8）：50-55.